Gitta Grundmann

Puppen

1997/98

C

CIESLIKS
PREISFÜHRER

Für Ulli und Dennis

Umschlaggestaltung: studio S, Düsseldorf
Druck: Kühlen KG, Mönchengladbach
ISBN 3-921844-46-0
Printed in Germany

Titelbild: Googly: gemarkt *„K (Stern) R SIMON & HALBIG 131 Germany"*, Biskuitkurbelkopf, geschlossener „Melonenmund", große, zur Seite blickende Schlafaugen, steil nach oben verlaufende Brauenbemalung, Pausbacken, Stupsnase, Echthaarperücke, Toddlerkörper aus Holz und Masse (36 cm, um 1914), **DM 15.000 - 18.000,** siehe auch Seite 162/163.

Inhalt

Erläuterungen

Einführung

Der Puppen-Preisführer 1997/1998 befaßt sich hauptsächlich mit der Bewertung alter deutscher sowie auch französischer Porzellankopfpuppen.

Die Puppenpreise wurden auf Börsen und Auktionen ermittelt. Die Beschreibungen der Puppen, die in Auktionen angeboten wurden, sind den jeweiligen Auktionskatalogen entnommen. Die von/bis Preise bedeuten, daß sich die Puppenpreise im Durchschnitt in diesem Preisrahmen bewegt haben. Die Auktionspreise wurden auf- oder abgerundet, enthalten das Aufgeld und die Mehrwertsteuer des jeweiligen Landes und wurden, falls erforderlich, in DM umgerechnet.

Die Puppenpreise gelten für den durchschnittlichen Erhaltungszustand ohne wertmindernde Beschädigung. Selbstverständlich müssen Puppen in unbespielter Erhaltung mit originaler Bekleidung immer höher bewertet werden. Deshalb wird auf solche Puppen auch in den Beschreibungen besonders hingewiesen.

Wichtige Anmerkung: Die abgebildeten Puppen dienen als Preisbeispiel. Sie wurden - auch wenn sie eine wertmindernde Beschädigung haben - preislich so bewertet, als hätten sie sich in unbeschädigtem Zustand befunden. Dies gilt auch für die Puppen, die uns von Sammlern oder Händlern zum Fotografieren überlassen wurden; sie wurden nicht auf wertmindernde Beschädigungen untersucht. Selbstverständlich gilt dies auch für die Puppen aus den bisher erschienenen Puppen-Preisführern dieser Reihe, deren aktuelle Preise in entsprechenden Tabellen aufgeführt wurden. Um keine Verwirrung zu verursachen, wurde hier bei der Preisgestaltung keine Rücksicht auf besonders guten Zustand genommen, da hierfür in den Tabellen keine Rubrik vorhanden ist.
Die Preisentwicklung: Bedingt durch Seltenheit und Beliebtheit befinden sich immer noch seltene deutsche und französische Cha-

rakterpuppen im Aufwärtstrend. Zunehmende Beachtung finden beschädigte, seltene Charakterpuppen, wenn der Preis entsprechend der Beschädigung eingestuft wurde. Für Puppen mit Originalkleidung mit oder ohne Originalkarton werden relativ hohe Preise verlangt.

Deutsche Porzellankopfpuppen

Der Kopf

Das wichtigste Kriterium zur Wertermittlung bleibt nach wie vor der Zustand des Kopfes. Prüfen Sie genau, ob er Haarrisse, Ausbrüche oder Restaurierungen aufweist. Zum Ausleuchten des Kopfes eignet sich - nach dem vorsichtigen Ablösen der Perücke - am besten eine Halogenlampe. Brustköpfe oder Vollköpfe entfernt man entweder vom Körper oder leuchtet sie von außen ab. Ist keine starke Lampe zur Hand, kann man auch bei hellem Tages- oder Sonnenlicht Haarrisse sehr gut von außen erkennen.

Als Wertminderung gelten: Restaurierungen, Haarrisse, Sprünge, grobe Abplatzer (prüfen Sie genau die Augenausschnitte auf eventuelle Restaurierungen) und Brandrisse, von denen ein Haarriß ausgeht.

Ein minimaler, feiner Haarriß an der Kopfkurbel oder ein Haarriß, der beispielsweise etwa einen Zentimeter über den Kopfkronenrand hinausgeht, mindert den Wert um etwa 5 bis 10 Prozent; größere, feine Haarrisse um etwa 20 Prozent und deutlich sichtbare Sprünge oder Ausbrüche um etwa 30 bis 40 Prozent. Köpfe, die aus mehreren Teilen zusammengeklebt sind, gravierende, störende Sprünge im Gesicht oder deutlich sichtbare Restaurierungen mindern den Wert einer Puppe um etwa 50 bis 70 Prozent.

Puppen jedoch, die so selten sind, daß nur ein Exemplar oder nur wenige bekannt sind und die dann auch noch vom Typ her im jeweiligen Trend liegen, können - auch trotz Beschädigung - einen hohen Wert haben. Seltene, beliebte Puppen mit Beschädigung sind im Verhältnis teurer als häufige Puppen in ähnlichem Zustand.

Untersuchen Sie die Porzellanköpfe sorgfältig, wie oben beschrieben, auf etwaige Mängel, aber vergessen Sie hierbei nicht, daß es sich bei den alten Sammlerpuppen ursprünglich um Kinderspielzeug gehandelt hat. Bei der Produktion der Köpfe entstandene Brandrisse hinter den Ohren, leicht „eingebrannte" Kopfnähte, Brandrisse am Innenrand des Kopfes (Kopfkrone), etwas „unsauberes" Porzellan auf dem Haarboden von Vollkopfpuppen sowie kleine Schönheitsfehler im Porzellan werden preislich nicht berücksichtigt. Das gleiche gilt für leichten Perückenpull (oberflächliche Beschädigung des Biskuitporzellans in dem Bereich, wo die Perücke aufgeklebt war), kleinere Abplatzer bei durchstochenen Ohrläppchen und kleine Abplatzer an der Kopfkurbelöffnung, die durch die Kopfbefestigung entstanden sind. Minimale Einschnitte in Mund- und Augenwinkeln, von denen kein Haarriß ausgeht, sind keine Wertminderung. Mittlerweile wird weltweit nach den oben angeführten Kriterien bewertet.

Die Augen

Ideal sind die originalen Augengestelle oder Original-Paperweight-Augen. Wurden die Augengestelle nur festgesetzt, kann man dieses bei einem Puppendoktor beheben lassen. Sind die alten Augen zerbrochen, so läßt man möglichst alte, gleichwertige Augen einsetzen.

Die Perücke

Die Puppen sollten originale oder alte Perücken haben. Ist keine Originalperücke mehr vorhanden, kann man sich auf Puppenbörsen, Trödelmärkten oder in einer Puppenklinik um eine alte Perücke bemühen. Andernfalls wählt man eine qualitätsvolle, neue Echthaar- oder Mohairperücke.

Der Körper

Kopf und Körper sollten zusammengehören. Um zu beurteilen, ob dies der Fall ist, bedarf es einiger Kenntnisse. Und trotzdem - wenn man auch selbst durch jahrelange Erfahrung einigermaßen sicher in der Beurteilung ist - keiner kann immer hundertprozentig nachvollziehen, was damals zusammengestellt wurde. Bedenken Sie, daß es Porzellanfabriken gab, die neben Gebrauchsporzellan und Nippes Puppenköpfe und -porzellanteile herstellten. Entsprechend dazu gab es Puppenfabriken, die diese Köpfe bezogen und ihre eigenen oder auch zugekauften Körper verwendeten, die Puppen ausstaffierten und dann anboten. Aufschlußreiche Informationen zu diesem Thema finden Sie in „Cieslik's Lexikon der deutschen Puppenindustrie". Prüfen Sie, ob die Teile des Körpers zusammengehören (übereinstimmende Farben und Proportionen). In diesem Zusammenhang sei erwähnt, daß es durchaus Puppen mit Porzellanbrustkopf und Lederkörper gab, die mit Celluloid-Unterarmen und -schenkeln ausgestattet waren.

Bei der preislichen Bewertung von Puppen steht der Zustand des Kopfes im Vordergrund. Der Zustand des Körpers wird weniger streng beurteilt, ist aber auch nicht unwichtig. Leicht bespielte oder gut restaurierte Körper bedeuten keine Wertminderung. Abgebrochene Finger kann man akzeptieren oder restaurieren lassen. Ergänzte Hände, soweit sie mit den Originalen übereinstimmen, sind akzeptabel. Sehr stark bespielte oder nicht fachmännisch dick überstrichene Körper sollten im Preis Berücksichtigung finden.

Die Preise der Puppen, die es mit Baby- oder Toddlerkörpern gab, differieren. Puppen mit Toddlerkörpern werden immer noch höher bewertet. Gliedergelenkpuppen mit qualitativ gutem Körper liegen im Wert höher als solche mit einem einfachen, geklammerten Pappleib und Röhrenoberschenkeln (die Röhrenoberschenkel bitte nicht mit den zwar manchmal einfach erscheinenden, frühen Oberschenkeln verwechseln).

Die Kleidung

Alte Bekleidung ist wünschenswert. Fehlt diese, sollte die neue Kleidung dem alten Vorbild entsprechen. Oft werden Puppen mit Originalkleidung angeboten. Man sollte jedoch prüfen, ob es sich um neue Kleidung nach altem Vorbild, um alte Kleidung aus der Zeit oder um Originalbekleidung der jeweiligen Puppe handelt. Puppen mit tatsächlicher Originalbekleidung sind sehr selten und entsprechend teuer.

Französische Porzellankopfpuppen

Es versteht sich von selbst, daß auch bei den französischen Porzellankopfpuppen der Kopf genau nach wertmindernden Beschädigungen oder Restaurierungen untersucht werden sollte. Haarrisse, andere Wertminderungen oder Restaurierungen, wie oben beschrieben, sollten im Preis Berücksichtigung finden.

Brandrisse hinter den Ohren und kleine, oberflächliche Abplatzer an der Kopfkurbel, vereinzelte Kohlenstaubeinschlüsse und minimale weiße Flecken im Porzellan gelten nicht als Wertminderung. Und noch weitere Kriterien kommen bei der Beurteilung der französischen Porzellankopfpuppen hinzu: Eine Puppe mit feinporigem, hellem Porzellan und blasser Mundbemalung kostet mehr als eine gleiche Puppe mit starker Tönung und grobem Porzellan. Dies gilt insbesondere für die Firma S.F.B.J., denn helles, feinporiges Porzellan stammt hier aus einer relativ frühen Herstellungszeit. Man kann also sagen: Je kräftiger der Teint und die Bemalung, um so niedriger der Preis.

Die Farbschicht französischer Puppenkörper neigt dazu abzublättern, was aber toleriert und nicht bewertet wird.

Zum Thema Bekleidung ist zu sagen, daß Puppen mit ergänzter Kleidung (neu, zeitgemäß gefertigt) oder Puppen mit alter Bekleidung aus der entsprechenden Zeit, die aber nicht original zur Puppe gehörig war, angeboten werden. Französische Puppen mit aufwendiger Originalbekleidung sind Raritäten.

Danksagung

Hiermit bedanke ich mich herzlich bei nachfolgend aufgeführten Sammlern, die mir großzügig ihre Puppen oder Puppenfotos zur Verfügung stellten: Ingrid Altfelder, Helga und Peter Baumann, Margret Bühnen, Marianne Eussen, Ellen Grzywacz und Erika Suttmann, Edeltraud Hahn, Familie Hahn, Familie Hanisch, Ruth Overmeier und Marlies Pletzing.

Ich bedanke mich ebenfalls bei den Sammlern und Kollegen, die nicht genannt werden wollten.

Für die freundliche Unterstützung durch Fotomaterial bedanke ich mich bei Frau Christine E. Kohler, Auktionshaus, Winterthur (Fotostyling Frau Margie Landolt); Herrn Götz C.-Seidel, Ladenburger Spielzeugauktionen und dem Auktionshaus Sotheby's, London.

Wieder gilt mein ganz besonderer Dank Frau Ursula M. Dieterich, Flohmarkt Paris, die mir neben Fotomaterial auch ihr umfassendes Wissen über französische Puppen zur Verfügung stellte.

Vielen Dank an meinen Mann Ulli, der die meisten Puppenfotos für mich anfertigte und mir hilfreich zur Seite stand.

Auch an meine Verlegerin, Marianne Cieslik sowie Jürgen Cieslik mein herzlicher Dank für ihre Unterstützung.

Fotonachweis:

Ingrid Altfelder, Helga und Peter Baumann; Ursula M. Dieterich; Edeltraud Hahn; Christine E. Kohler, Auktionshaus, Winterthur; Götz C.-Seidel, Ladenburger Spielzeugauktionen; Auktionshaus Sotheby's, London.

November 96: Endlich alles fertig!

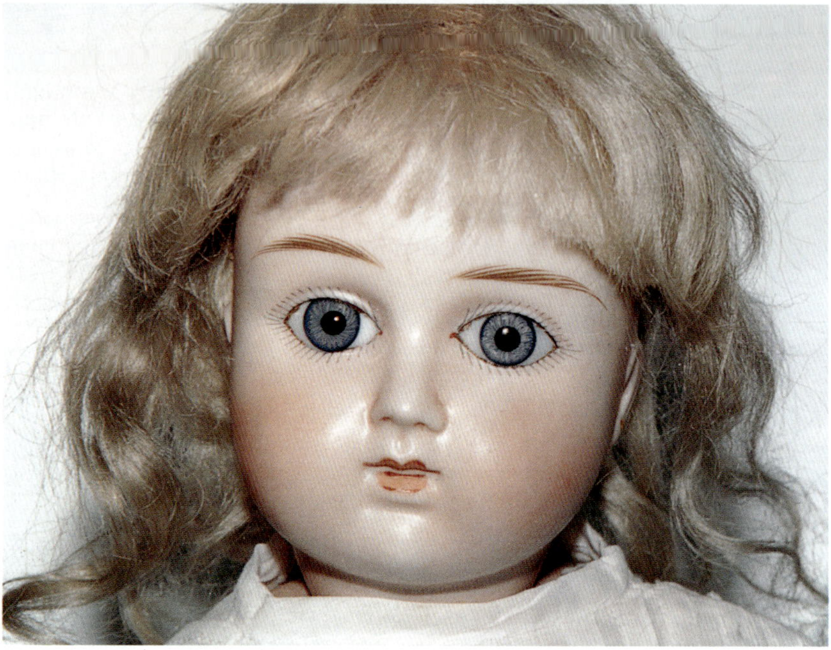

1

2 Helga und Peter Baumann

3

1 Lederbalgpuppe: gemarkt seitlich auf der Brustplatte *„911 # 8“*, heller Biskuitkurbelkopf auf Biskuitbrustplatte, Massekopfdeckel, feste, blaue Augen, geschlossener Mund, zweifarbig bemalt mit Aussparung in der Mitte, durchstochene Ohrläppchen, Original-Mohairperücke, Lederkörper mit Zwickeln und Biskuit-Unterarmen, altes Kleid (52 cm, um 1890).

DM 3.300 - 3.600

2 Große Lederbalgpuppe: gemarkt *„1123 1/2 Germany N 11“*, nach rechts geneigter Biskuitbrustkopf, hochgezogene Stirnpartie, offener Mund mit 6 Zähnen oben, blaue Schlafaugen, Original-Mohairperücke, Lederkörper mit Aufkleber *„Fischer, Naumann & Co.“* und blauem Stempel *„760 57“*, Gliederarme, ergänzte Bekleidung (68 cm, um 1893).

DM 2.400 - 2.600

3 Interessante Lederbalgpuppe: gemarkt *„1260 Germany Dep. N. 4“*, feiner Biskuitbrustkopf mit angedeuteter Schulterpartie, seitlich leicht nach links geneigt, perfekte Brauenbemalung, braune Schlafaugen, offener Mund, Zähne oben, Kinngrübchen, Original-Perücke, Lederkörper mit detailliert ausgearbeiteten Biskuit-Unterarmen, im Hüftgelenk Scharniere, im Kniegelenk Zwickel, Unterschenkel aus Stoff, Bekleidung im alten Stil (33 cm, um 1892).

DM 1.500 - 1.700

4

4 Babypuppe: gemarkt *„ABG (verschlungen) 1352 38“*, Biskuitkurbelkopf, offener Mund, 2 Zähne oben, Wangengrübchen, Porzellanzunge mit dem Augengestell verbunden („schläft“ die Puppe, fällt die Zunge zurück), blaue Schlafaugen, Original-Mohairperücke, Babykörper aus Masse, neue Kleidung (38 cm, um 1912).

DM 1.100 - 1.300

5 Gliedergelenkpuppe: gemarkt *„ABG (verschlungen) 1362 Made in Germany 0 1/2 6“*, Biskuitkurbelkopf, offener Mund, 4 Zähne oben, durchstochene Ohrläppchen, braune Schlafaugen, originale Mohairperücke, Gliederkörper aus Holz, Masse und Pappe, Originalbekleidung (40 cm, um 1912).

	DM 1.500 - 1.600
in durchschn. Erhaltung	**DM 1.200 - 1.400**
in 55 cm	**DM 1.500 - 1.800**
in 60 cm	**DM 1.800 - 2.000**
in 76 cm	**DM 2.600 - 2.900**

5

6 Ingrid Altfelder

6 Seltenes Charakterbaby: gemarkt *„3 ABG 1321 36"*, Biskuitkurbelkopf, offen/geschlossener Mund, Wangengrübchen, braune Schlafaugen, Original-Echthaarperücke, Babykörper aus Masse, Baumwollkleidchen (36 cm, um 1910).
DM 2.400 - 2.800

Kindergesicht:

Serien-Nr.	Kopf	Mund	Körper	Größe	hergestellt ab	Abb. in Preisf.	Preis DM
639	Brustk.	geschl.	Lederk.	49 cm	1880	95/96	**3.200 - 3.500**
698	Brustk.	geschl.	Lederk.	60 cm	1880	85/86	**3.600 - 3.800**
879	Brustk.	geschl.	Lederk.	52 cm	1895	89/90	**3.500 - 3.800**
1121	Brustk.	geschl.	Lederk.	54 cm	1890	93/94	**3.500 - 3.800**
1132	Kurbelk.	offen	Gliederk.	32 cm	1893	89/90	**1.800 - 2.000**

Charakter:

Serien-Nr.	Kopf	Mund	Körper	Größe	hergestellt ab	Abb. in Preisf.	Preis DM
1319	Kurbelk.	offen/geschl.	Babyk.	28 cm	1910	91/92	**1.600 - 1.800**
1322	Kurbelk.	offen/geschl.	Babyk.	35 cm	1910	87/88	**2.200 - 2.400**
1322	Kurbelk.	offen	Toddlerk.	40 cm	1910	87/88	**2.200 - 2.500**
1357	Kurbelk.	offen	Babyk.	34 cm	1912	93/94	**2.600 - 2.800**
1361	Kurbelk.	offen	Babyk.	45 cm	1912	95/96	**1.200 - 1.400**
1361	Kurbelk.	offen	Babyk.	55 cm	1912	-	**1.300 - 1.600**
1367	Kurbelk.	offen	Babyk.	55 cm	1914	93/94	**1.500 - 1.800**

7 + 8 Puppe in Originalerhaltung: gemarkt *„289 Dep.“*, Biskuitkurbelkopf, offener Mund, 4 Zähne oben, durchstochene Ohrläppchen, braune Schlafaugen, blonde Mohairperücke, schöner Gliederkörper aus Holz und Masse mit festen Handgelenken und blauem Stempel *„D. R. Patent 55484“* (Patent von Albert Pulvermacher, siehe **Cieslik's Lexikon der deutschen Puppenindustrie,** Seite 224), komplette Originalbekleidung und -karton. Mit Aufkleber „Bébés artic. incassab.“ (28 cm, um 1892).

	DM 2.400 - 2.600
in durchschn. Erhaltung	
	DM 1.500 - 1.700
in 48 cm	**DM 2.000 - 2.400**
in 60 cm	**DM 2.600 - 3.000**

8

9

10

9 Große Brustkopfpuppe: gemarkt *„245 14“*, Biskuitbrustkopf, offener Mund, 4 Zähne oben, zweifarbige Lippenbemalung, Kinngrübchen, durchstochene Ohrläppchen, blaue Augen, alte Echthaarperücke, Stoffkörper mit Biskuit-Unterarmen (85 cm, um 1888).

DM 2.800 - 3.000

in 45 cm **DM 2.000 - 2.200**

10 Gliederpuppe: gemarkt *„478 6“*, Biskuitkurbelkopf, offener Mund mit 4 Zähnen oben, modellierte Augenbrauen, Kinngrübchen, durchstochene Ohrläppchen, blaue Schlafaugen, alte Mohairperücke, Gliederkörper mit festen Händen, Bekleidung ergänzt (43 cm, um 1905).

DM 1.800 - 2.000

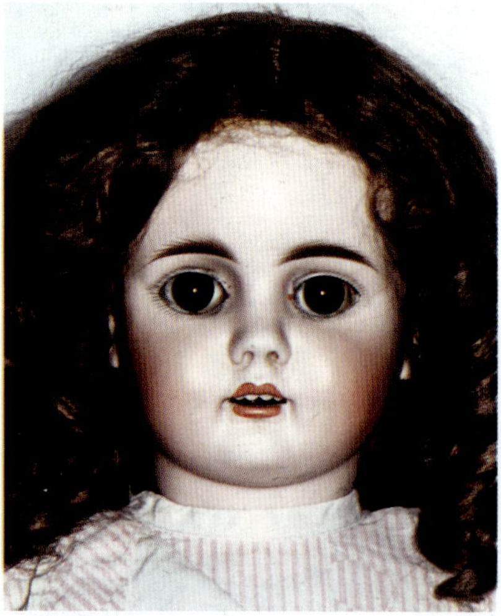

11 Helga und Peter Baumann

11 Gliederpuppe: gemarkt *„224 12“*, Biskuitkurbelkopf, offener Mund, 4 Zähne oben, durchstochene Ohrläppchen, dunkelbraune Schlafaugen, Original-Mohairperücke, Gliederkörper aus Holz und Masse mit festen Händen, alte Kleidung (53 cm, um 1888).

DM 2.000 - 2.400

in 27 cm **DM 1.300 - 1.500**

12 Gliederpuppe: gemarkt *„R 443“*, Biskuitkurbelkopf, offener Mund mit 4 Zähnen, zweifarbige Lippenbemalung, durchstochene Ohrläppchen, blaue Augen mit Strahleniris, alte Echthaarperücke, Gliederkörper aus Holz und Masse (47 cm, um 1900).

DM 2.000 - 2.400

12
Kindergesicht:

Serien-Nr.	Kopf	Mund	Körper	Größe	hergestellt ab	Abb. in Preisf.	Preis DM
212	Kurbelk.	geschl.	Gliederk.	35 cm	1888	95/96	**3.500 - 3.800**
224	Kurbelk.	offen	Gliederk.	27 cm	1888	91/92	**1.300 - 1.500**
245	Brustk.	offen	Lederk.	45 cm	1888	89/90	**2.000 - 2.200**
246	Brustk.	offen	Lederk.	56 cm	1888	89/90	**2.200 - 2.400**
247	Kurbelk.	offen	Gliederk.	63 cm	1889	87/88	**2.800 - 3.200**
252	Kurbelk.	geschl.	Gliederk.	35 cm	1889	89/90	**4.500 - 5.000**
273	Kurbelk.	offen	Gliederk.	61 cm	1891	87/88	**2.800 - 3.000**
325	Kurbelk.	offen	Gliederk.	40 cm	1894	95/96	**2.000 - 2.400**
394	Kurbelk.	offen	Gliederk.	50 cm	1897	-	**2.000 - 2.400**
394	Kurbelk.	offen	Gliederk.	80 cm	1897	95/96	**3.800 - 4.200**
448	Kurbelk.	offen	Gliederk.	37 cm	1905	95/96	**1.800 - 2.000**
449	Kurbelk.	offen	Gliederk.	66 cm	1905	95/96	**2.800 - 3.000**

13

13 Beliebtes Charakterbaby: gemarkt *„B & P (mit gekreuzten Schwertern) 585 4 Germany"*, fein bemalter, heller Biskuitkurbelkopf mit offen/geschlossenem Mund, 2 modellierte Zähne oben, blaue Schlafaugen, alte Echthaarperücke, Toddlerkörper aus Holz, Masse und Pappe, alter Spielanzug (32 cm, um 1912).

DM 2.500 - 2.700

14 Charakterbaby: gemarkt *„B & P (mit gekreuzten Schwertern) 624 4 Germany"*, Biskuitkurbelkopf, ausgeprägte Wangengrübchen, offener Mund mit 2 Zähnen oben, Mohairperücke, Babykörper aus Masse, ergänzte Bekleidung (34 cm, um 1915).

DM 2.000 - 2.400

14

Charakter:

Serien-Nr.	Kopf	Mund	Körper	Größe	hergestellt ab	Abb in Preisf.	Preis DM
536	gem. Augen	offen/geschl.	Gliederk.	37 cm	1912	95/96	**7.500 - 8.000**
536	Glasaugen	offen/geschl.	Gliederk.	43 cm	1912	93/94	**10.000 - 12.000**
543	Brustk.	offen/geschl.	Stoffk.	42 cm	1912	95/96	**3.600 - 4.000**
585	Kurbelk.	offen	Babyk.	36 cm	1912	95/96	**1.500 - 1.700**
619	Kurbelk.	offen	Babyk.	33 cm	1912	95/96	**2.000 - 2.200**
619	Kurbelk.	offen	Babyk.	47 cm	1912	-	**2.600 - 3.000**

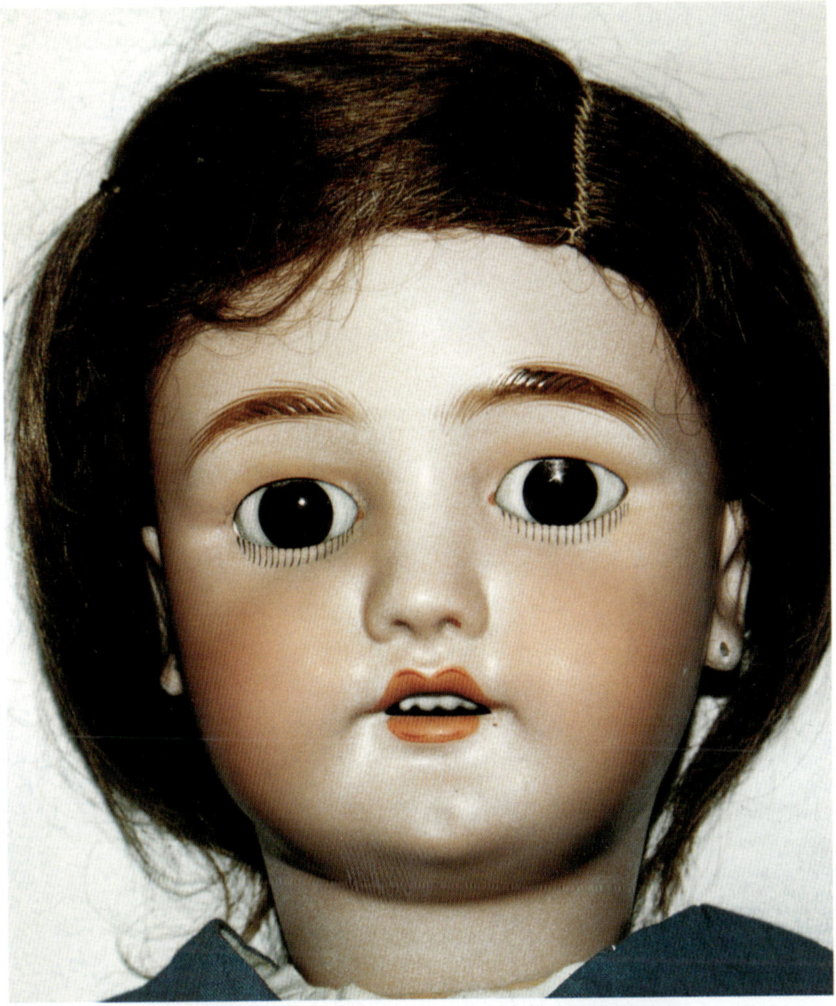

15

15 Gliederpuppe: gemarkt *„C. M. Bergmann SIMON & HALBIG 13 1/2"*, Biskuitkurbelkopf, offener Mund, 4 Zähne oben, modellierte Augenbrauen, Wimpern nur unten gemalt, durchstochene Ohrläppchen, braune Schlafaugen, Kinngrübchen, Echthaarperücke, Gliedergelenkkörper aus Holz und Masse, altes Kleid (73 cm, um 1900).

DM 2.400 - 2.800

in 63 cm **DM 2.000 - 2.400**

16

16 Gliederpuppe: gemarkt *„Germany G. B.“*, Biskuitkurbelkopf, offener Mund mit 4 Zähnen oben, Kinngrübchen, Original-Zopfperücke, Gliederkörper aus Holz und Masse, ergänzte Kleidung (59 cm, um 1900).

DM 1.500 - 1.800

17 Gliederpuppe: gemarkt *„SIMON & HALBIG G B“*, Biskuitkurbelkopf, offener Mund mit 4 Zähnen oben, blaue Schlafaugen, Wimpern nur unten gemalt, alte, braune Echthaarperücke, Gliederkörper aus Holz und Masse, altes Kleid (56 cm, um 1900).

DM 1.500 - 1.800

18 Charakterbaby: gemarkt *„Germany G. 326 B. A. 5 M. D. R. G. M. 259“*, Biskuitkurbelkopf, Vollkopf mit feiner Haarbemalung, offener Mund mit 2 Zähnen unten, zweifarbig bemalt, braune Schlafaugen, Babykörper aus Masse, altes Kleidchen. Kopf von Armand Marseille für Borgfeldt - (37 cm, um 1913).

DM 1.800 - 2.200

17

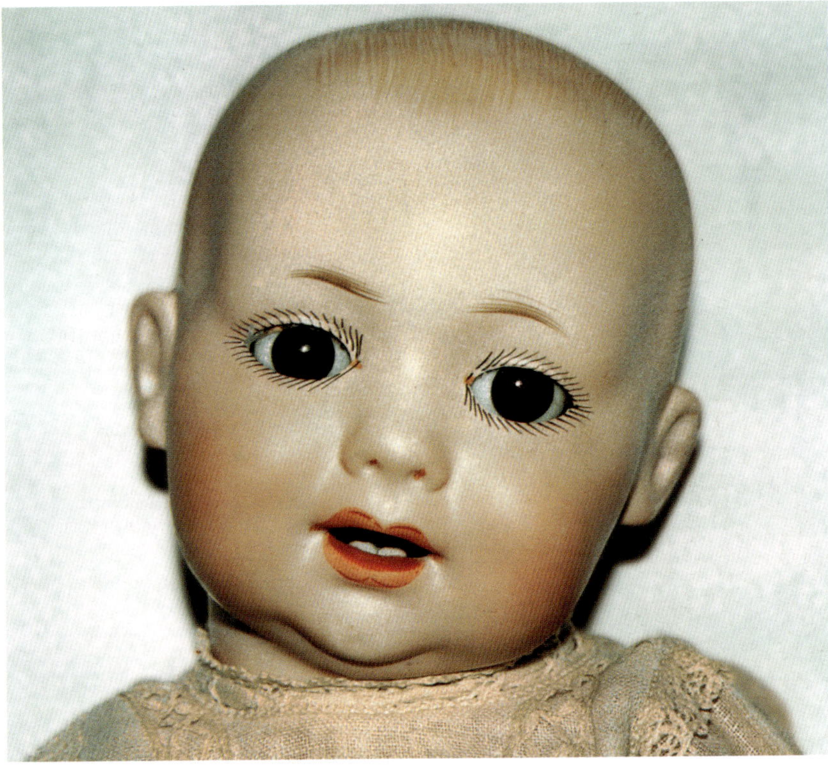

18

Kindergesicht:

Serien-Nr.	Kopf	Mund	Körper	Größe	hergestellt ab	Abb. in Preisf.	Preis DM
Pansy	Kurbelk.	offen	Gliederk.	61 cm	1921	91/92	**2.000 - 2.200**

Charakter:

Serien Nr.	Kopf	Mund	Körper	Größe	hergestellt ab	Abb. in Preisf.	Preis DM
Bonnie Baby	Ringhalsk.	offen	Stoffk.	42 cm	1926	93/94	**2.800 - 3.200**
Bonnie Baby	Ringhalsk.	offen	Stoffk.	60 cm	1926	-	**3.800 - 4.200**
Bye-Lo-Baby	Ringhalsk.	geschl.	Stoffk.	32 cm	1920	-	**1.800 - 2.000**
Bye-Lo-Baby	Ringhalsk.	geschl.	Stoffk.	55 cm	1920	95/96	**2.600 - 2.900**
327	Kurbelk.	offen	Babyk.	60 cm	1913	91/92	**1.600 - 2.000**
328	Kurbelk.	offen	Babyk.	36 cm	1913	95/96	**1.800 - 2.000**
620	Kurbelk.	offen	Babyk.	31 cm	1914	93/94	**1.600 - 1.800**

19

19 Charakterbaby: gemarkt *„263 C. P. 38 made in Germany"*, Biskuitkurbelkopf, offener Mund mit 2 anmodellierten Zähnen, die Zunge bewegt sich mit dem Augenmechanismus vor und zurück, graublaue Schlafaugen, Wangengrübchen, Babykörper aus Masse, blonde Echthaarperücke (35 cm, um 1916).

DM 1.600 - 1.800

in 52 cm **DM 2.000 - 2.400**

Charakter:

Serien-Nr.	Kopf	Mund	Körper	Größe	hergestellt ab	Abb. in Preisf.	Preis DM
201	Kurbelk.	offen/geschl.	Babyk.	34 cm	1910	95/96	**2.200 - 2.400**
202	Kurbelk.	offen/geschl.	Babyk.	34 cm	1910	95/96	**2.400 - 2.600**
208	Kurbelk.	offen	Babyk.	34 cm	1910	95/96	**2.000 - 2.200**
208	Kurbelk.	offen	Babyk.	56 cm	1910	-	**2.600 - 3.000**
220	Kurbelk.	offen/geschl.	Gliederk.	45 cm	1912	93/94	**7.000 - 7.500**
264	Kurbelk.	offen	Gliederk.	80 cm	1916	85/86	**3.500 - 4.000**

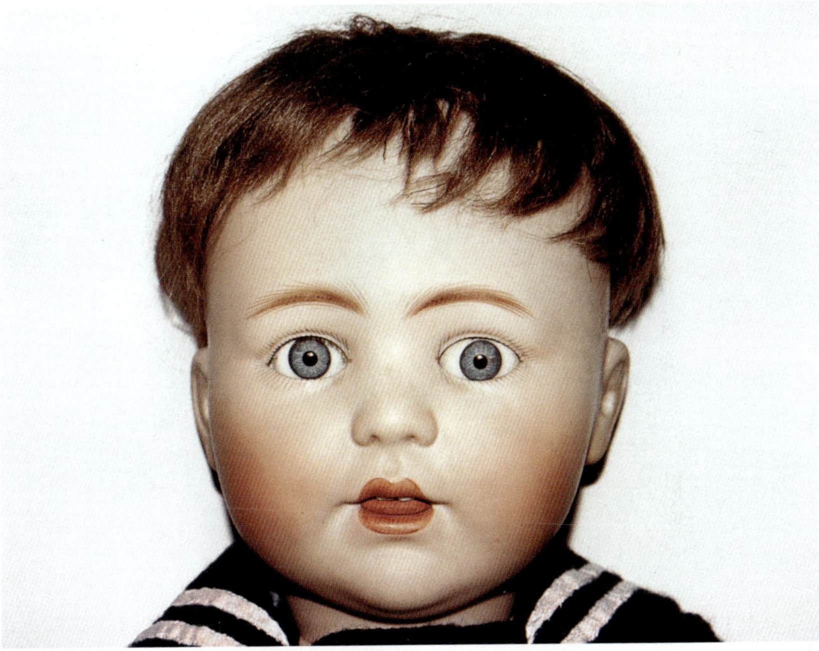

20

21 Marianne Eussen

20 Jutta-Baby: gemarkt *„55 Jutta 1914 13“*, Biskuitkurbelkopf, offener Mund mit 2 Zähnen oben, blaue Schlafaugen, dunkelbraune Mohairperücke, Babykörper aus Masse mit drehbaren Händen, Strickanzug (55 cm, um 1914).

DM 2.400 - 2.600

in 25 cm **DM 1.000 - 1.200**

21 Jutta: gemarkt *„1349 Jutta S & H 11“*, Biskuitkurbelkopf, offener Mund, 4 Zähne oben, braune Schlafaugen, durchstochene Ohrläppchen, sehr schöne Original-Mohairperücke, Gliedergelenkkörper mit Dresselstempel, alte Kleidung - Kopf von Simon & Halbig - (60 cm, um 1910).

DM 2.400 - 2.600

in 38 cm **DM 1.600 - 1.900**

Serien-Nr.	Kopf	Mund	Körper	Größe	hergestellt ab	Abb. in Preisf.	Preis DM
1469	Kurbelk.	geschl.	Gliederk.	36 cm	1920	91/92	**4.200 - 4.800**

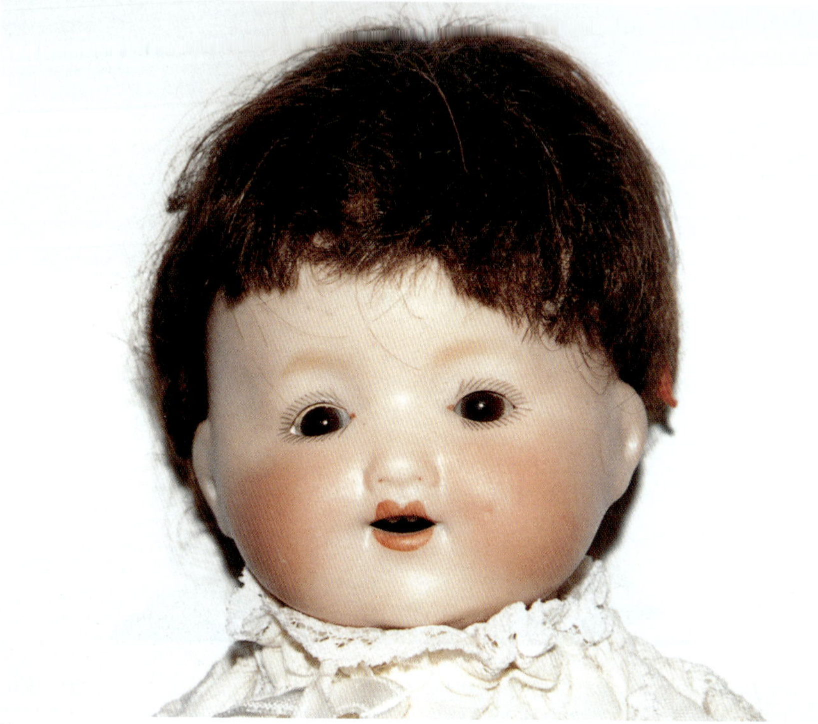

22

22 Kleine Babypuppe: gemarkt *„Trademark A. Our Pet M. Registered Germany 992/3/0“*, Biskuitkurbelkopf, offene Kopfkrone, offener Mund mit 2 Zähnen oben, braune Schlafaugen, Mohairperücke, Babykörper aus Masse und Pappe, von Armand Marseille für Gebr. Eckardt (22 cm, um 1930).

DM 650 - 750

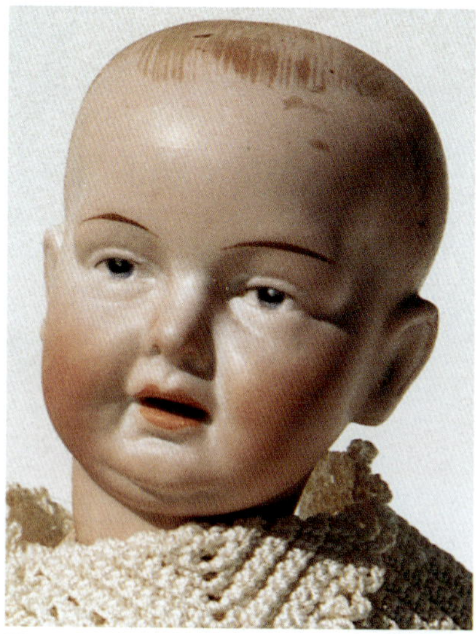

23

23 Charakter-Baby: gemarkt *„Einco 4/0 Germany“*, Biskuitkurbelkopf, Vollkopf mit gemalter Frisur, offen/geschlossener Mund, blaue, gemalte Augen, Babykörper aus Masse, Strick-Babykleidung (25 cm, um 1912).

DM 1.100 - 1.300

in 37 cm **DM 2.000 - 2.400**

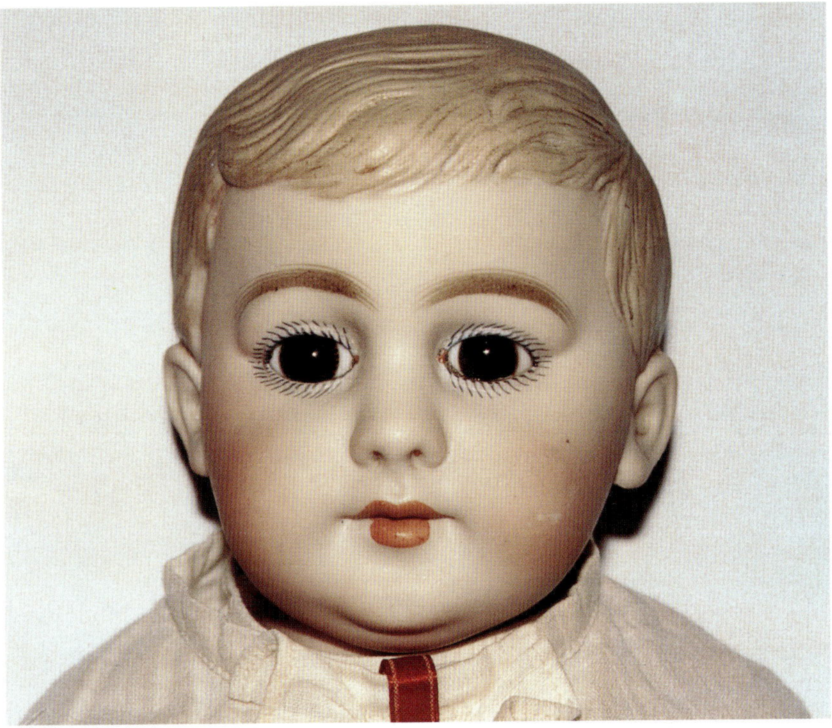

24

25

24 Jungenpuppe: gemarkt *„30/B 7 1/2"*, Biskuitbrustkopf, Vollkopf mit stark modellierter Frisur, geschlossener Mund, braune, feste Augen, Kinngrübchen, rosa Stoffkörper mit Biskuit-Unterarmen, Anzug im alten Stil (46 cm, um 1900).

DM 2.600 - 3.000

25 Baby: gemarkt *„(Kronenzeichen) WG B. R. Z. 3 3/4 Bavaria"*, Ringhalskopf, Vollkopf, geschlossener Mund, blaue Schlafaugen, Stoffkörper mit Celluloidhänden, altes Taufkleid (40 cm, um 1920).

DM 1.200 - 1.400

26 Marianne Eussen

26 Gliederpuppe: gemarkt *„109 - 13 3/4"*, Biskuitkurbelkopf, offener Mund, 4 Zähne oben, große Augenausschnitte, braune Schlafaugen, durchstochene Ohrläppchen, Original-Echthaarperücke, komplette, sehr schöne, alte Bekleidung, schwerer Gliederkörper mit rotem Stempel *„Handwerck"* (64 cm, um 1900).

DM 3.000 - 3.200

in durchschn. Erhaltung **DM 2.400 - 2.800**

27

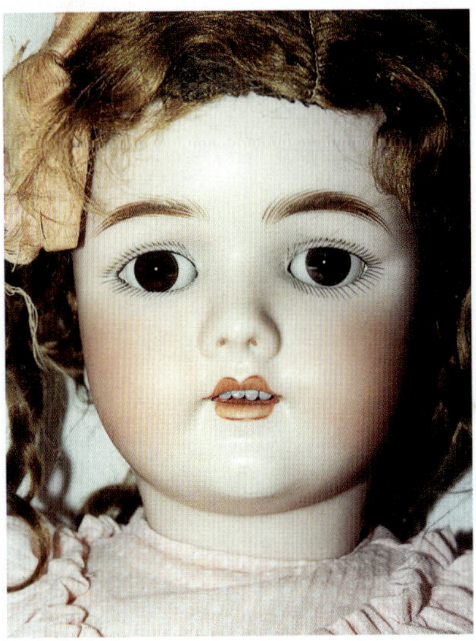

28

27 Mädchenpuppe: gemarkt *„S & H H x IV Germany“*, Biskuitkurbelkopf, offener Mund mit 4 Zähnen oben, blaue Schelmenaugen, Original-Echthaarperücke, Gliederkörper mit langen Unterschenkeln und Stempel *„Heinrich Handwerck“*, alte Bekleidung (60 cm, um 1920).

DM 2.400 - 2.800

28 Mädchenpuppe: gemarkt *„69-12 x Germany HANDWERCK HALBIG 4“*, Biskuitkurbelkopf, offener Mund mit 4 Zähnen oben, durchstochene Ohrläppchen, modellierte Augenbrauen, braune Schlafaugen, Original-Mohairperücke, Gliederkörper mit rotem Stempel *„Heinrich Handwerck Germany 4“*, Kleidung ergänzt (62 cm, um 1900).

DM 2.200 - 2.500

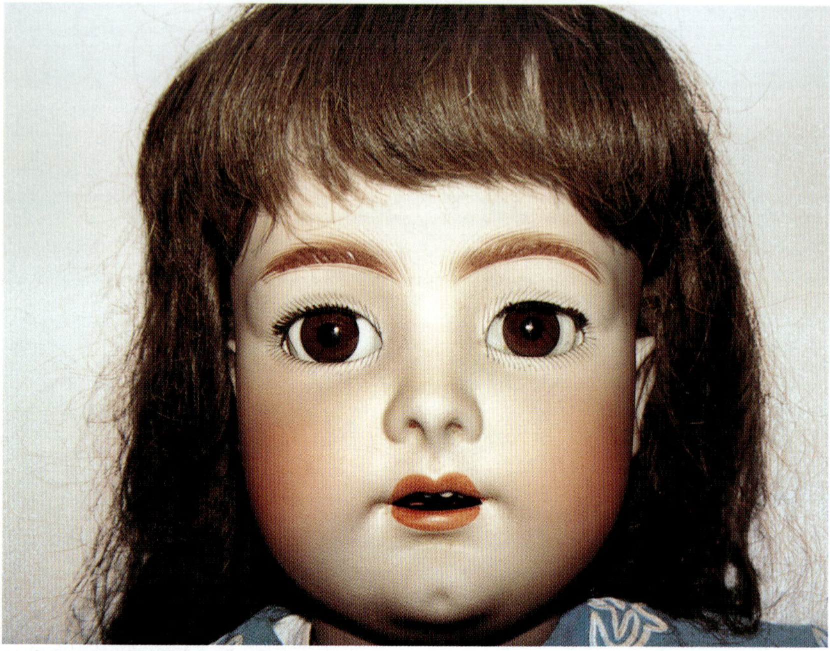

29

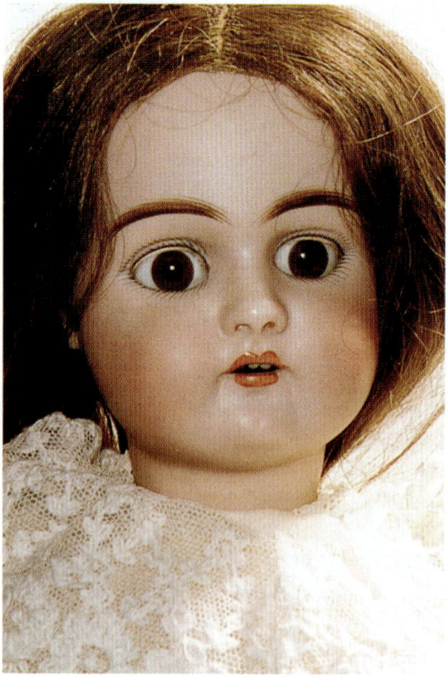

30

29 Große Gliederpuppe: gemarkt *„Germany HEINRICH HANDWERCK SIMON & HALBIG"*, auf der Stirn *„W"*, Biskuitkurbelkopf, offener Mund mit 4 Zähnen oben, Kinngrübchen, modellierte Augenbrauen, braune Schlafaugen, Echthaarperücke, Gliederkörper aus Holz und Masse, altes Kleid, (96 cm, um 1900).

DM 5.500 - 6.500

30 Gliederpuppe: gemarkt *„79 10 Germany"*, Biskuitkurbelkopf, offener Mund, 4 Zähne oben, durchstochene Ohrläppchen, Original-Echthaarperücke, Gliedergelenkkörper aus Holz und Masse mit rotem Stempel *„Handwerck"*, alte Bekleidung (42 cm, um 1900).

DM 1.800 - 2.200

31

31 Gliederpuppe: gemarkt *„Germany HEINRICH HANDWERCK SIMON & HALBIG 4"*, Biskuitkurbelkopf, offener Mund mit 4 Zähnen oben, Kinngrübchen, durchstochene Ohrläppchen, blaue Schlafaugen, ergänzte blonde Mohairperücke, Gliederkörper aus Holz, Masse und Pappe mit rotem Stempel *„Heinrich Handwerck Germany 4"*, (62 cm, um 1900).

DM 2.200 - 2.400

Kindergesicht:

Serien-Nr.	Kopf	Mund	Körper	Größe	hergestellt ab	Abb.in Preisf.	Preis DM
89	Kurbelk.	offen	Gliederk.	28 cm	1890	87/88	**1.200 - 1.400**
99	Kurbelk.	offen	Gliederk.	56 cm	1900	95/96	**1.800 - 2.200**
99	Kurbelk.	offen	Gliederk.	70 cm	1900	-	**2.400 - 2.800**
119	Kurbelk.	offen	Gliederk.	68 cm	1899	93/94	**2.500 - 2.800**
174	Kurbelk.	offen	Gliederk.	56 cm	1911	93/94	**2.400 - 2.600**
189	Kurbelk.	offen	Gliederk.	40 cm	1900	93/94	**1.800 - 2.000**
199	Kurbelk.	offen	Gliederk.	60 cm	1900	85/86	**2.400 - 2.600**

Charakter:

Serien-Nr.	Kopf	Mund	Körper	Größe	hergestellt ab	Abb. in Preisf.	Preis DM
420	Kurbelk.	offen	Babyk.	52 cm	1921	91/92	**1.600 - 1.900**

32 Marianne Eussen

32 Gliederpuppe: gemarkt *„(Dreieck und Mond) Max Handwerck Bebe Elite 286 2 3/4 Germany"*, Biskuitkurbelkopf, offener Mund mit 4 Zähnen oben, blaue Schlafaugen, blonde Mohairperücke, Gliederkörper aus Holz, Pappe und Masse, hellblaues Kleid - Kopf hergestellt von F. & W. Goebel für Max Handwerck - (45 cm, um 1900).

DM 1.600 - 1.800

Kindergesicht:

Serien-Nr.	Kopf	Mund	Körper	Größe	herstellt ab	Abb. in Preisf.	Preis DM
283	Kurbelk.	offen	Gliederk.	53 cm	1900	-	**2.000 - 2.200**
283	Kurbelk.	offen	Gliederk.	70 cm	1900	95/96	**2.500 - 2.800**

Charakter:

Serien-Nr.	Kopf	Mund	Körper	Größe	hergestellt ab	Abb. in Preisf.	Preis DM
B 90	Kurbelk.	offen	Babyk.	37 cm	1920	95/96	**1.300 - 1.500**

33

33 Charakterpuppe: gemarkt *„Harmus 3 1/2"*, heller Biskuitkurbelkopf, offener Mund mit 4 Zähnen oben, Wimpern nur unten gemalt, ausdrucksvolle Augenbrauenbemalung, braune Schlafaugen, alte Mohairperücke, Gliederkörper aus Holz, Masse und Pappe, Kleid ergänzt (39 cm, um 1910).

DM 1.800 - 2.000

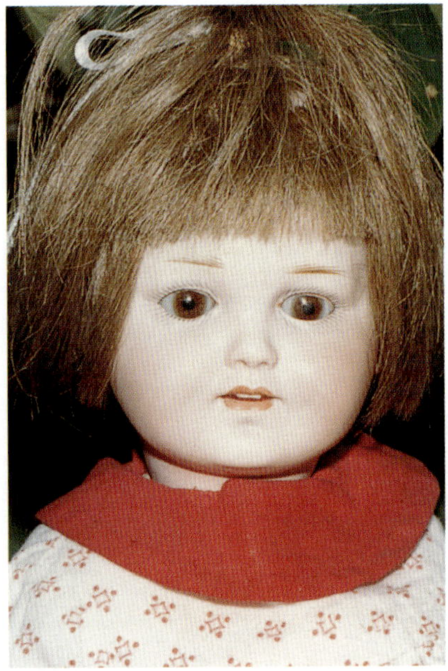

34 Ingrid Altfelder

34 Seltene Charakterpuppe: gemarkt *„B & P (gekreuzte Schwerter) Harmus Germany 630 - 2"*, Biskuitkurbelkopf, offen/geschlossener Mund mit 2 modellierten Zähnchen oben, braune Schlafaugen, Echthaarperücke, Babykörper aus Masse - von Baehr & Proeschild für Carl Harmus - (32 cm, 1915).

DM 2.600 - 3.000

35 Charakterbaby: gemarkt *„Harmus 313.5. Germany"*, Biskuitkurbelkopf, offener Mund mit 2 Zähnen oben, blaue Schlafaugen, Original-Mohairperücke, Babykörper aus Masse (48 cm, um 1915).

DM 2.200 - 2.500

35 Familie Hahn

36 Charakterbaby: gemarkt *„142"*, Biskuitkurbelkopf, Vollkopf mit gestrichelter Haarbemalung, blaue, gemalte Augen, offen/geschlossener Mund, Babykörper aus Masse, Originalbekleidung inklusive Lederschuhen (33 cm, um 1912).
DM 2.300 - 2.500
in durchschn. Erhaltung **DM 1.800 - 2.000**

36 Marianne Eussen

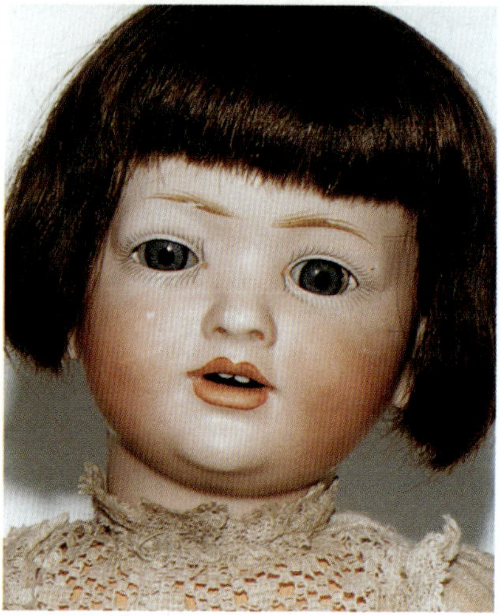

37

37 Charakterpuppe: gemarkt *„141 5"*, Biskuitkurbelkopf, offener Mund, zweifarbig bemalt, 2 Zähne oben, braune Echthaarperücke, Gliederkörper aus Holz, Masse und Pappe, altes Verkaufskleid - selten mit offenem Mund! - (44 cm, um 1912).
DM 6.000 - 7.000
mit offen/
geschl. Mund **DM 10.000 - 12.000**

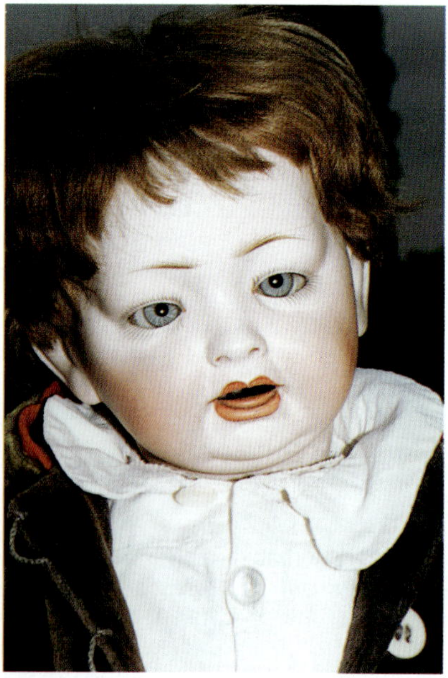

38 Marianne Eussen

38 Beliebte Charakterpuppe: gemarkt *„152 10"*, heller Biskuitkurbelkopf, offener Mund mit angedeuteter Zunge, 4 Zähne oben, Original-Mohairperücke, Toddlerkörper, alte Bekleidung (50 cm, um 1912).
DM 2.600 - 3.000
mit Babykörper in 43 cm **DM 2.200 - 2.500**

39 Auktionshaus Sotheby's, London

39 Rare Charakterpuppe: gemarkt *„149 5"*, heller Biskuitkurbelkopf, geschlossener Mund, aparte Mundbemalung, Kinngrübchen, blaue Schlafaugen, Echthaarperücke, Gliederkörper aus Holz, Masse und Pappe, Anzug (43 cm, um 1912).

DM 15.500

40

40 Gesuchte Charakterpuppe: gemarkt *„134 0"*, Biskuitkurbelkopf, geschlossener Mund, Kinngrübchen, blaue Schlafaugen, Mohairperücke, Gliederkörper aus Holz, Masse und Pappe, alte Kleidung (32 cm, um 1915).

DM 8.000 - 10.000

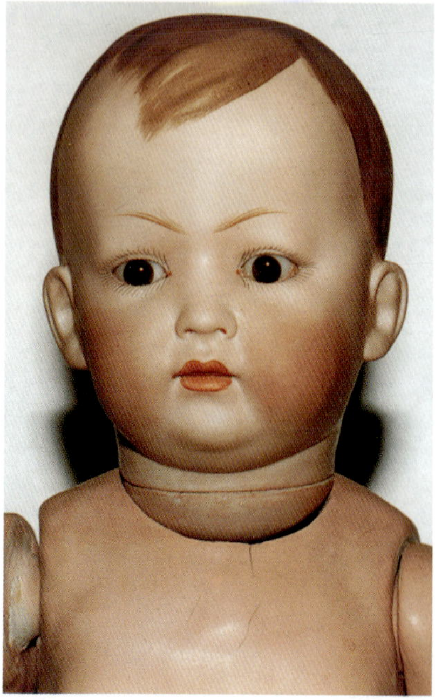

41

41 Jungenpuppe: gemarkt *„137 5"*, Biskuitkurbelkopf (Biskuitkurbel unten angesetzt zwecks Einsetzen der Augen), Vollkopf mit modelliertem Haarboden, braune Haarbemalung, geschlossener Mund, braune Augen, Babykörper aus Masse (37 cm, um 1912).

DM 4.800 - 5.500

Charakter:

Serien-Nr.	Kopf	Mund	Körper	Größe	hergestellt ab	Abb. in Preisf.	Preis DM
131	Kurbelk.	offen/geschl.	Babyk.	34 cm	1912	85/86	**2.000 - 2.200**
136	Kurbelk.	offen	Gliederk.	56 cm	1912	95/96	**2.000 - 2.200**
136	Kurbelk.	offen	Gliederk.	80 cm	1912	-	**3.500 - 3.800**
148	Kurbelk.	offen/geschl.	Babyk.	36 cm	1910	91/92	**8.000 - 10.000**
150	Kurbelk.	offen/geschl.	Babyk.	56 cm	1912	93/94	**2.800 - 3.200**
151	Kurbelk.	offen/geschl.	Babyk.	49 cm	1912	93/94	**2.600 - 3.000**
154	Kurbelk.	geschl.	Gliederk.	44 cm	1912	95/96	**5.800 - 6.500**
154	Kurbelk.	offen	Toddlerk.	42 cm	912	95/96	**3.000 - 3.500**
157	Kurbelk.	geschl.	Toddlerk.	42 cm	1912	95/96	**6.000 - 6.500**

42 Ladenburger Spielzeugauktionen

42 Kleine Puppe: gemarkt „Heubach Köppelsdorf 250", Biskuitkurbelkopf, offener Mund mit Zähnen oben, braune Schlafaugen, Gliederkörper mit festen Handgelenken (29 cm, um 1914).

	DM 530
in 50 cm	**DM 1.400 - 1.600**
in 70 cm	**DM 1.800 - 2.000**

43

43 Kleine Puppe: gemarkt *„Heubach Köppelsdorf 251 .17/0 Germany"*, Biskuitkurbelkopf, offener Mund, 4 Zähne oben, Kinngrübchen, Augenbrauenbemalung in einem Strich, Mohairhaare, fünfteiliger, einfacher Körper aus Masse mit geraden Armen und Beinen, modellierte Strümpfe und Schuhe, Original-Kleidung (19 cm, um 1914).

DM 450 - 550

44 Marianne Eussen

44 Gliederpuppe: gemarkt *„(Hufeisen) 1900 0 1/2"*, Biskuitkurbelkopf, offener Mund mit 4 Zähnen oben, Kinngrübchen, blaue, feststehende Augen mit Strahleniris, Echthaarperücke, Gliederkörper mit festen Handgelenken, komplette, sehr schöne, alte Bekleidung (45 cm, um 1900).

DM 1.800 - 2.200

in durchschn. Erhaltung **DM 1.500 - 1.700**

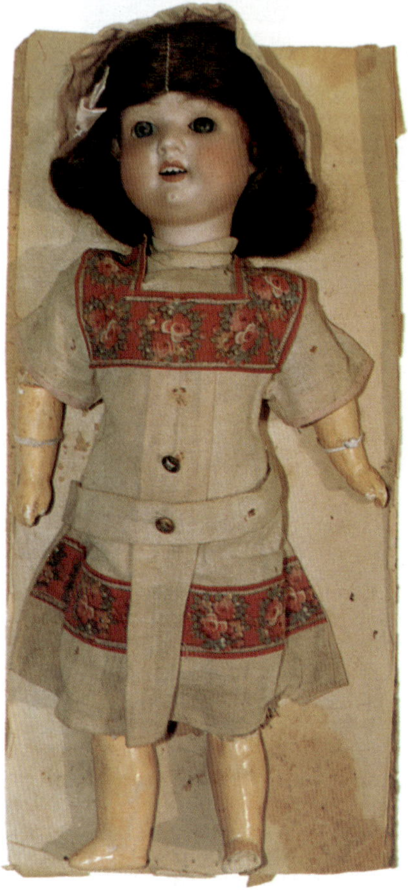

45

45 Originale Gliederpuppe: gemarkt *„Heubach 302 - 13/0 Köppelsdorf Germany“*, Biskuitkurbelkopf, offener Mund mit 4 Zähnen oben, blaue Schlafaugen, Mohairperücke, Gliederkörper aus Holz, Masse und Pappe, Originalkleidung (30 cm, um 1920).

DM 750 - 850

in durchschn. Erhaltung **DM 550 - 650**

46 Ladenburger Spielzeugauktionen

46 Babypuppe: gemarkt *„Heubach Köppelsdorf 342“*, Biskuitkurbelkopf, offener Mund mit 2 Zähnen oben, braune Schlafaugen, alte Perücke, Masse-Stehbabykörper (64 cm, um 1926).

DM 1.550

in 28 cm **DM 700 - 800**

in 57 cm **DM 1.100 - 1.300**

47 Babypuppe: gemarkt *„Heubach Köppelsdorf 320. 7 1/2 Germany“*, Biskuitkurbelkopf, offener Mund mit 2 Zähnen oben, durchstochene Nasenlöcher, braune Schlafaugen, braune Mohairperücke, Babykörper aus Masse (58 cm, um 1920).

DM 1.400 - 1.600

48 Große Babypuppe: gemarkt *„Heubach Köppelsdorf 300.9 Germany“*, Biskuitkurbelkopf, offener Mund mit 2 Zähnen oben, blaue Schlafaugen, Kinn- und Wangengrübchen, Mohairperücke, Babykörper aus Masse, Babykleidung (60 cm, um 1920).

DM 1.400 - 1.600

in 48 cm **DM 1.200 - 1.400**

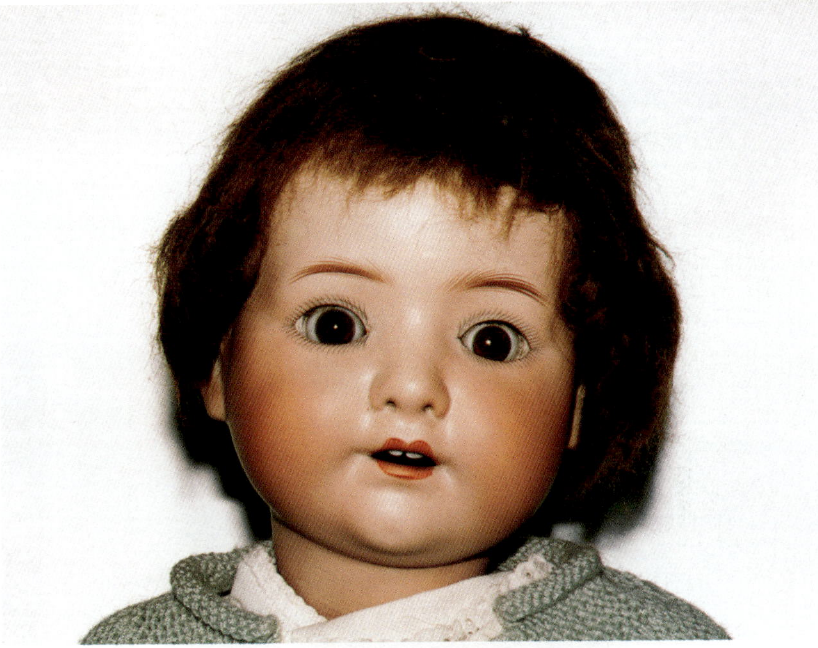

47

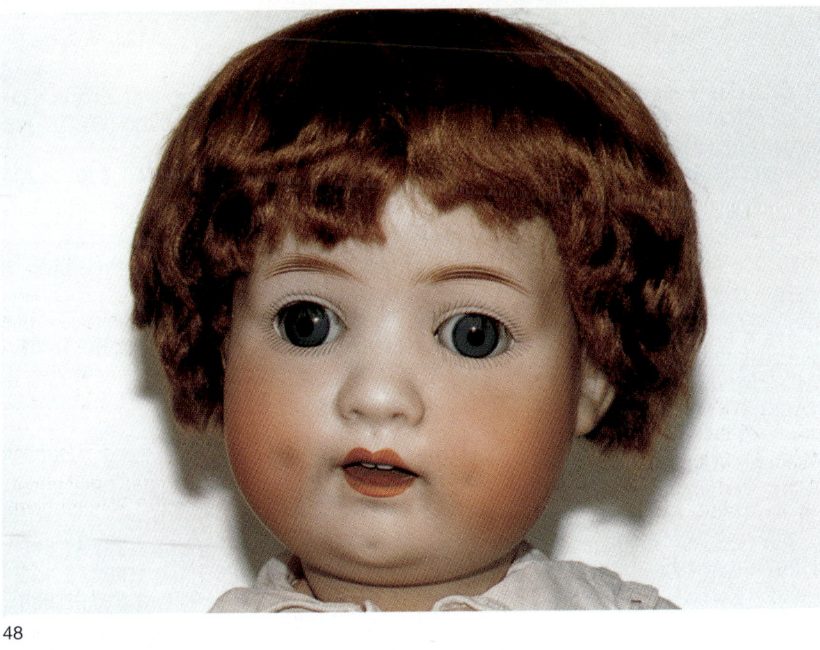

48

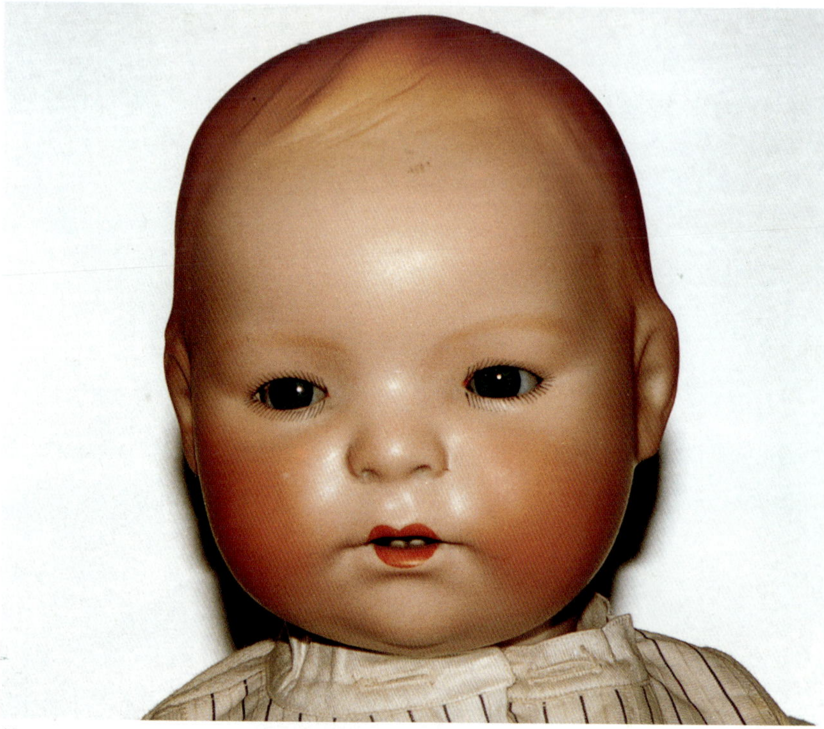

49

49 Charakterpuppe: gemarkt *„Heubach Köppelsdorf 400.6 Germany"*, Biskuitkurbelkopf, Vollkopf mit modelliertem, zart getöntem Haarboden, offener Mund mit 2 Zähnen unten, Babykörper aus Pappe und Masse, alte Kleidung (60 cm, um 1925).

DM 1.800 - 2.200

Kindergesicht:

Serien-Nr.	Kopf	Mund	Körper	Größe	hergestellt ab	Abb. in Preisf.	Preis DM
275	Brustk.	offen	Wachstuchk.	56 cm	1915	95/96	**1.200 - 1.400**

Charakter:

Serien Nr.	Kopf	Mund	Körper	Größe	hergestellt ab	Abb. in Preisf.	Preis DM
260	Brustk.	offen/geschl.	Lederk.	32 cm	1914	95/96	**1.300 - 1.500**
267	Kurbelk.	offen	Babyk.	28 cm	1914	89/90	**1.000 - 1.100**
292	Kurbelk.	offen	Babyk.	36 cm	1915	85/86	**1.800 - 2.000**
321	Kurbelk.	offen	Babyk.	42 cm	1920	95/96	**1.400 - 1.600**

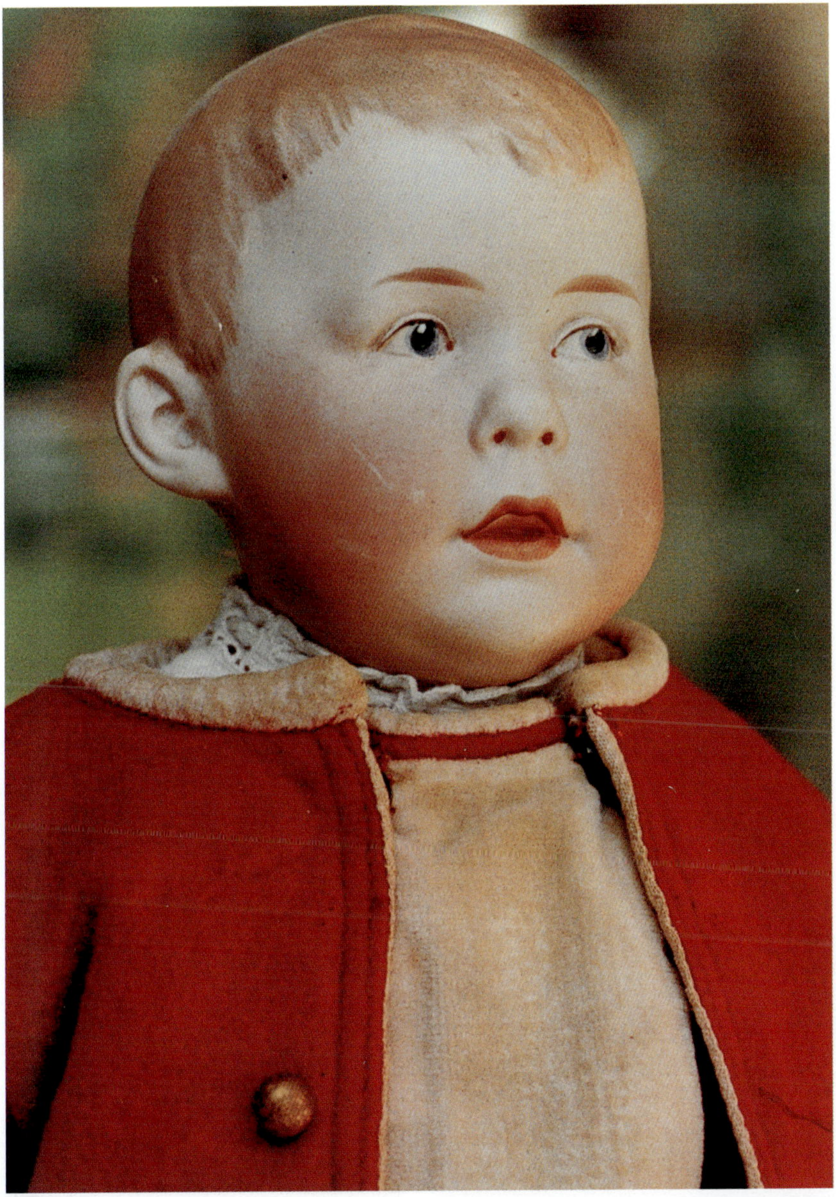

50

50 Seltene Jungenpuppe: gemarkt *„Germany“*, Biskuitbrustkopf, Vollkopf mit modellierten, braunen Haaren, offen/geschlossener Mund, blaue, gemalte Augen, abstehende Ohren, Wachstuchkörper, Biskuit-Unterarme, alter Anzug (40 cm, um 1912).

DM 5.000 - 5.500

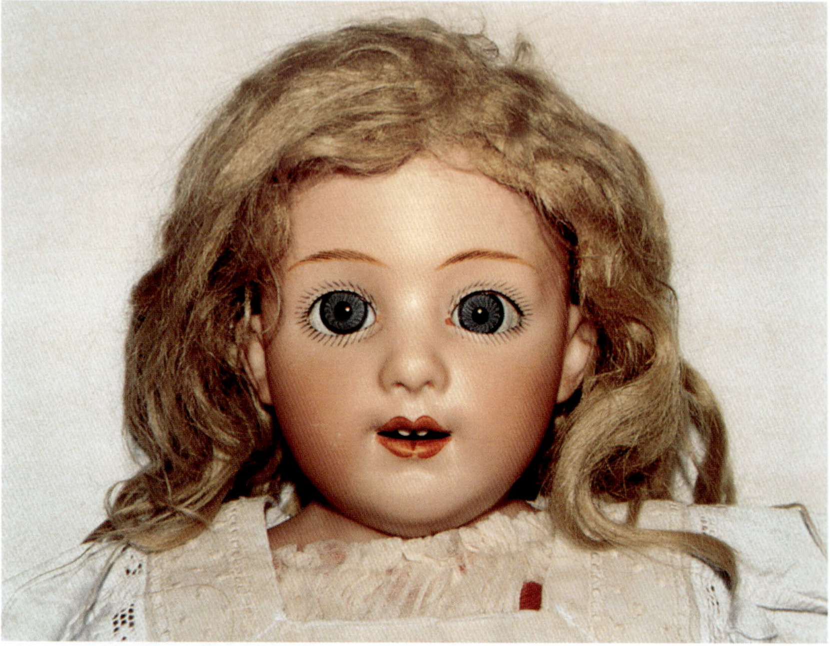

51

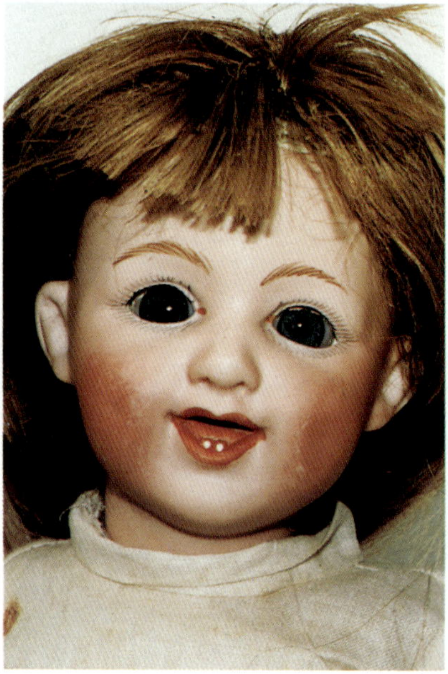

52

51 Interessante Mädchenpuppe: gemarkt *„6 1/2 (Sonnenzeichen)“*, Biskuitbrustkopf, offener Mund mit ausdrucksvoller, zweifarbiger Bemalung, 4 Zähne oben, große Augenausschnitte, blaue Schlafaugen, Original-Mohairperücke, Lederkörper mit Sticker *„Superba hair-stuffed“*, Unterarme aus Biskuitporzellan, Unterschenkel Celluloid, altes Kleid und Schürze (47 cm, um 1912).

DM 4.000 - 4.500

in 65 cm **DM 7.000 - 8.000**

52 Lachendes Puppenkind: gemarkt *„4 5636 (Sonnenzeichen) Germany“*, Biskuitkurbelkopf, offener Mund mit modellierter Zunge und 2 Zähnchen unten, ausgeprägte Wangengrübchen, alte Echthaarperücke, Gliederkörper aus Holz, Masse und Pappe, altes Kleid (37 cm, um 1912).

DM 5.000 - 6.000

in 58 cm **DM 12.000 - 15.000**

53

53 Beliebte Charakterpuppe: gemarkt *„7604 (Sonnenzeichen) 6 Germany"*, Biskuitkurbelkopf, modellierter Haarboden, zart getönt, offen/geschlossener Mund mit modellierten Zähnen unten, gemalte Augen mit vertieft liegender Iris, sehr schöne, alte Matrosenkleidung (45 cm, um 1912).

DM 3.500 - 3.800

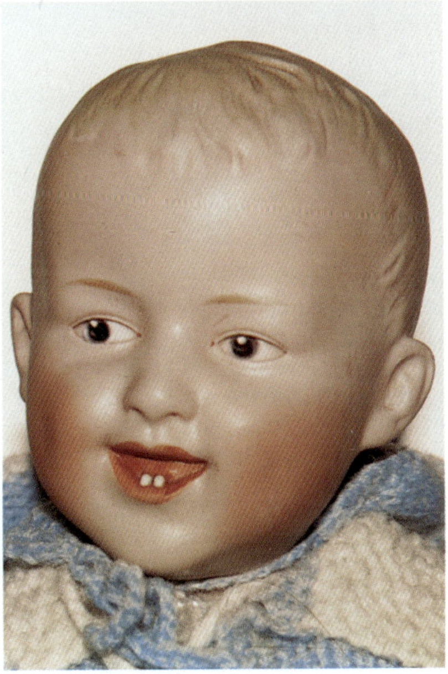

54

54 Beliebte Charakterpuppe: gemarkt *„5 6897 Germany"*, Biskuitkurbelkopf, Vollkopf mit modelliertem, zart getöntem Haarboden, offen/geschlossener Mund mit 2 modellierten Zähnen unten, Porzellanöse an der Kopfkurbel zwecks Befestigung des Kopfes, Babykörper aus Masse, alte Strickkleidung - gleiche Modellierung wie die Serien-Nr. 7604 - (35 cm, um 1912).

DM 2.600 - 3.000

55

55 Kleine Jungenpuppe: gemarkt *„9591 (Quadrat) Germany“*, Biskuitkurbelkopf, Vollkopf mit modellierten Locken und zart getöntem Haarboden, steil nach oben gemalte Augenbrauen, geschlossener Mund, gemalte Augen, fünfteiliger, einfacher Körper, alte Bekleidung mit Papierschuhen (22 cm, um 1914).

DM 2.000 - 2.200

57 Coquette: gemarkt *„7768 (Quadrat) Germany“*, Biskuitkurbelkopf, modellierte Mädchenfrisur mit blauem Haarband und Schleife, offen/geschlossener Mund mit gemalten Zähnchen, gemalte, zur Seite blickende Augen, Gliederkörper aus Holz, Masse und Pappe, Originalkleidung - auch mit Sonnenzeichen und Nr. 7703 - (35 cm, um 1912)

DM 2.500 - 3.000

in 44 cm **DM 4.200 - 4.600**

56

56 Kleines Baby mit Haube: gemarkt *„2/0 7975 (Sonnenzeichen) Germany“*, Biskuitkurbelkopf, geschlossener Mund, Schlafaugen (selten!), Porzellanhaube mit Rosenbemalung, Babykörper aus Masse, altes Taufkleid (21 cm, um 1912).

DM 3.500 - 4.000

in 34 cm **DM 8.000 - 9.000**

58 Coquette: gemarkt *„Germany (Quadrat) 7850“*, Biskuitbrustkopf, seitlich geneigt mit modellierter Mädchenfrisur, modelliertes, rosa bemaltes Haarband mit Schleife, offen/geschlossener Mund mit gemalten Zähnchen, zur Seite blickende, gemalte Augen mit vertieft liegender Iris, Lederkörper, altes Kleidchen (35 cm, um 1912).

DM 2.400 - 2.800

57

58

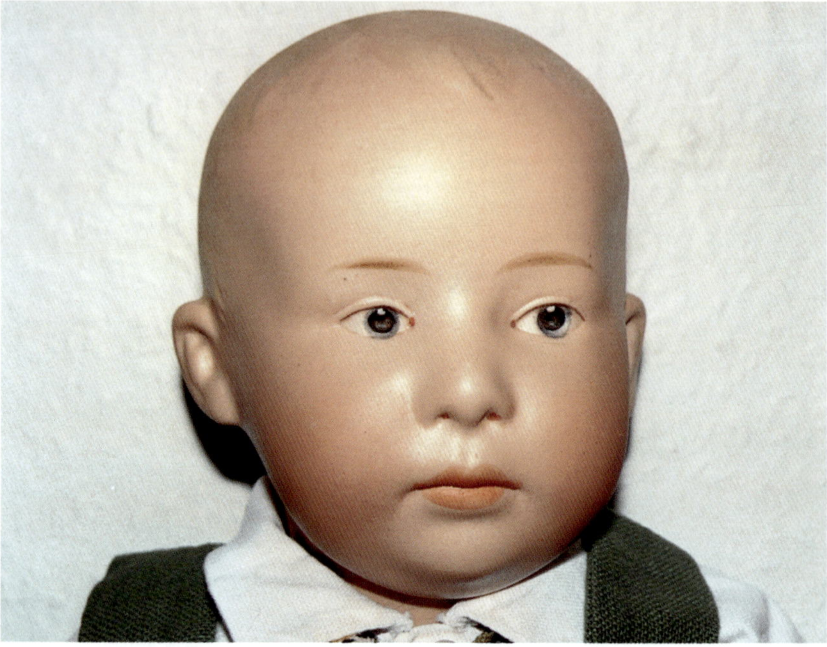

59

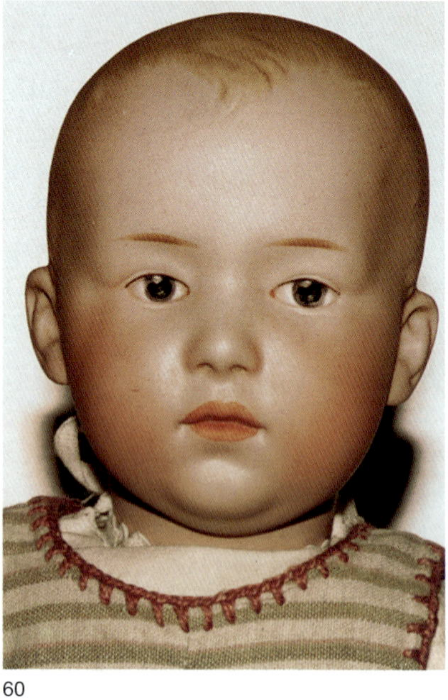

60

59 Jungenpuppe: gemarkt *„6 6894 Germany“*, Biskuitkurbelkopf, Vollkopf mit leicht modellierter Frisur, geschlossener Mund mit einer dunkleren Mittellinie, gemalte, blaue Augen mit vertieft liegender Iris, Babykörper aus Pappe und Masse, alter Anzug (37 cm, um 1912).

DM 2.600 - 3.000

60 Ausdrucksvolle Jungenpuppe: gemarkt *„Germany 7“*, Biskuitkurbelkopf, Vollkopf mit leicht modellierten Locken und zart getöntem Haarboden, geschlossener Mund, zweifarbig bemalt, gemalte, blaue Augen mit vertieft liegender Iris, Porzellanöse an der Kopfkurbel zwecks Befestigung des Kopfes, stämmiger Toddlerkörper aus Holz, Pappe und Masse, alte Kleidung (38 cm, um 1910).

DM 3.400 - 3.600

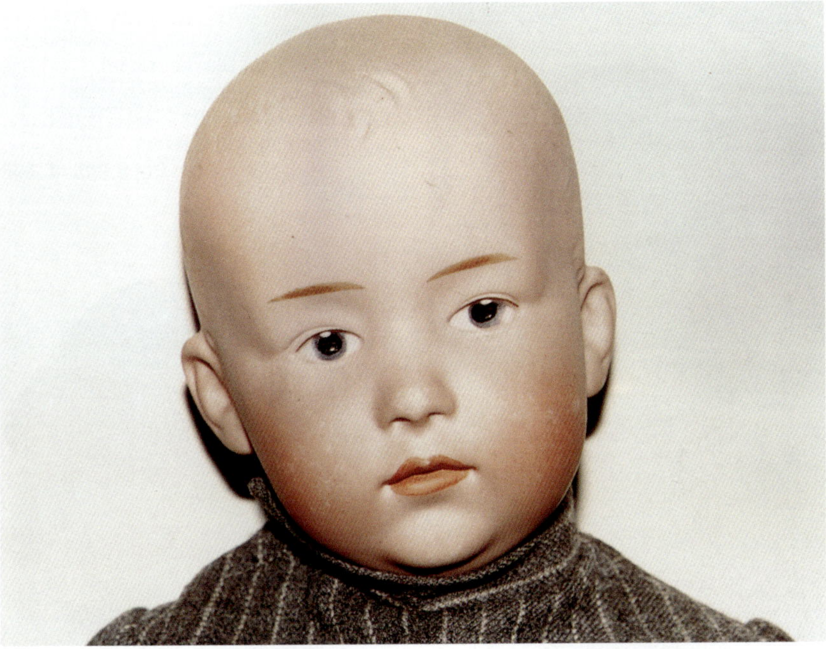

61

61 Jungenpuppe: gemarkt *„(Sonnenzeichen) 7 Germany 7603"*, Biskuitkurbelkopf, Vollkopf mit leicht modellierter Haarbemalung, geschlossener Mund, gemalte Augen mit vertieft liegender Iris, Gliederkörper aus Holz, Masse und Pappe, ergänzter Anzug (46 cm, um 1912).
DM 2.800 - 3.200

62

62 Puppe in Originaltracht: gemarkt *„0 7603 (Sonnenzeichen) Germany"*, Biskuitkurbelkopf, Vollkopf mit aufgeklebter Mohairperücke (in diesem Fall Original!), geschlossener Mund, gemalte Augen mit vertieft liegender Iris, Gliederkörper aus Holz, Pappe und Masse mit Röhrenoberschenkeln, Schottenkleidung (30 cm, um 1912).
DM 1.800 - 2.000

63

63 Charakterbaby: gemarkt *„Germany 7247 7 (Sonnenzeichen)"*, Biskuitkurbelkopf, geschlossener Mund, braune Schlafaugen, Kinngrübchen, Mohairperücke, Babykörper aus Masse, alte Babypuppenkleidung (38 cm, um 1912).

DM 6.000 - 6.500

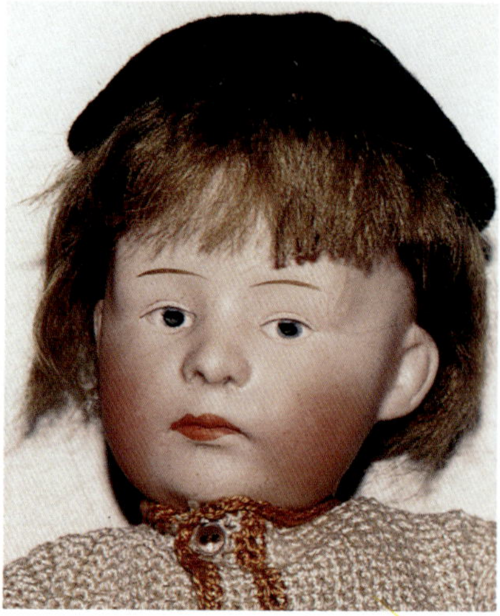

64

64 Gliederpuppe: gemarkt *„6969 2 Germany (Sonnenzeichen)"*, Biskuitkurbelkopf, geschlossener Mund, blaue, gemalte Augen mit vertieft liegender Iris, Mohairperücke, Gliederkörper aus Holz, Masse und Pappe, Strickkleidung (31 cm, um 1912).

	DM 3.500 - 3.800
mit Glasaugen	**DM 4.500 - 4.800**
mit Glasaugen in 44 cm	**DM 8.000 - 9.500**

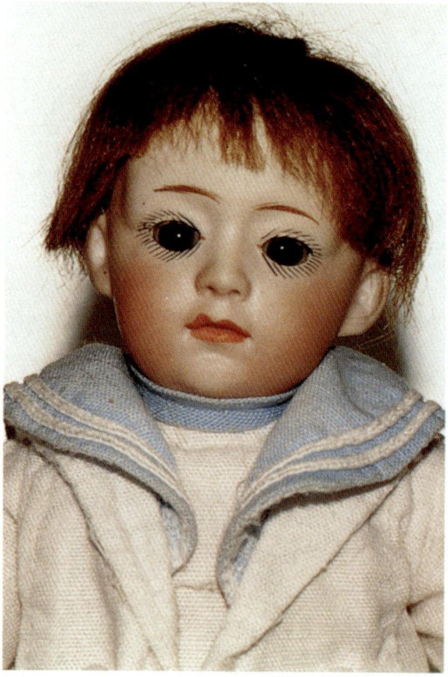

65

65 Charakterpuppe: gemarkt *„7247 Germany (Sonnenzeichen)"*, Biskuitkurbelkopf, geschlossener Mund, große Augenausschnitte, braune Schlafaugen, Mohairperücke, Gliederkörper aus Holz, Masse und Pappe mit Röhrenoberschenkeln, alter Matrosenanzug (28 cm, um 1912).

DM 3.600 - 4.000

66 Ladenburger Spielzeugauktionen

66 + 67 Charakterpuppe: gemarkt *„6970“*, Biskuitkurbelkopf, geschlossener Mund, blaue Schlafaugen, Original-Mohairperücke und Kleid, Originalkarton mit Aufkleber „Bébé Jutta-Puppe“ für C. & O. Dressel, sehr guter Zustand (28 cm, um 1912).
DM 3.450

67

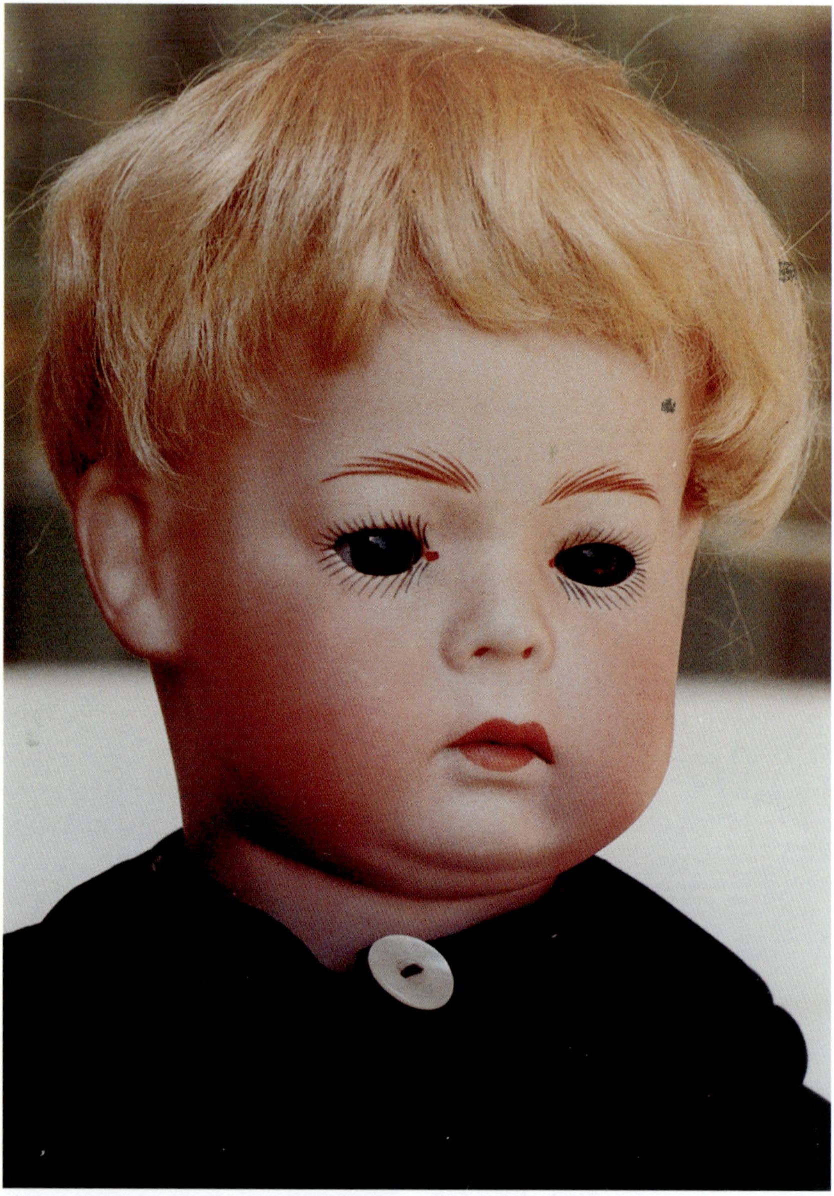

68

68 Rarität: gemarkt *„10735 (Quadrat) Adlon 5"*, Biskuitkurbelkopf, geschlossener Mund, braune Schlafaugen, hellblonde Mohairperücke, Toddlerkörper aus Holz und Masse, alter Samtanzug - von Gebr. Heubach für Otto Schamberger - (40 cm, um 1922).

DM 10.000 - 12.000

69

69 Gliederpuppe: gemarkt *„10532 9 (Quadrat) Germany"*, Biskuitkurbelkopf, offener Mund mit ausdrucksvoller, zweifarbiger Bemalung, 4 Zähne oben, blaue Schlafaugen, Original-Echthaarperücke, Toddlorkörper aus Holz, Masse und Pappe, altes Kleid - ausdrucksvolle Bemalung, preislich nicht zu vergleichen mit einfacherer Ausführung - (50 cm, um 1920).

DM 3.200 - 3.500

70 Charakterpuppe: gemarkt *„8420 5 (Quadrat) Germany"*, Biskuitkurbelkopf, geschlossener Mund, blaue Schlafaugen, Mohairperücke, stämmiger Toddlerkörper aus Holz, Pappe und Masse, alte Baumwollkleidung (35 cm, um 1914).

DM 6.500 - 7.500

70

71

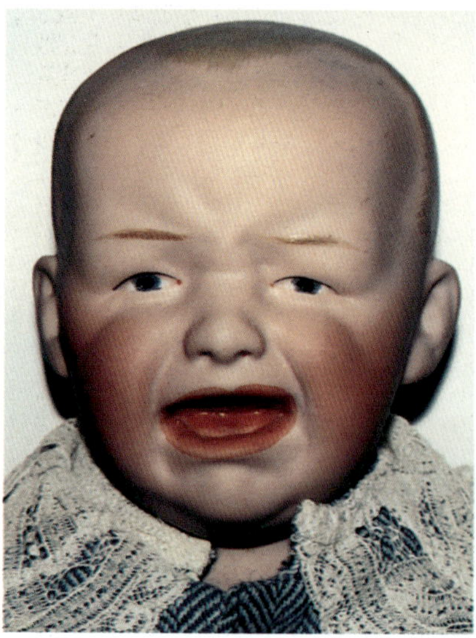

72

71 Pfeifende Jungenpuppe: gemarkt *„3 Germany 8774 (Quadrat)“*, Ringhalskopf, Vollkopf mit modellierter Frisur, zart getönt, offener Mund mit runder Öffnung, gemalte Augen, zur Seite blickend mit vertieft liegender Iris, einfacher Gazekörper mit Holzwollefüllung, Masseunterarme, Stimme (durch Druck auf den Bauch pfeift die Puppe), alter Spielanzug (33 cm, um 1914).

DM 4.500 - 5.000

72 Weinende Puppe: gemarkt *„5 Germany 7134“*, Biskuitbrustkopf, Vollkopf mit Haarbemalung, offen/geschlossener Mund mit weinendem Ausdruck, kleine, gemalte Augen, Lederkörper mit Biskuit-Unterarmen, ergänzte Bekleidung (44 cm, um 1910).

DM 4.000 - 4.200

mit Kurbelkopf **DM 6.000 - 7.000**

73 Beliebte Charakterpuppe: gemarkt *„6 Germany 7072"*, Biskuitbrustkopf, Vollkopf mit modellierter Lockenfrisur, ausdrucksvoller, geschlossener Mund, Wangengrübchen, gemalte Augen mit vertieft liegender Iris, Lederkörper mit Aufkleber *„Amberg dolls - the world standard - made in U.S.A. - AMKID Trademark - cork stuffed - washable sanitary"*, Gliederarme und Unterschenkel aus Masse, neuer Anzug (50 cm, um 1912).
DM 3.200 - 3.500

in 30 cm **DM 1.800 - 2.000**
in 36 cm **DM 2.400 - 2.800**

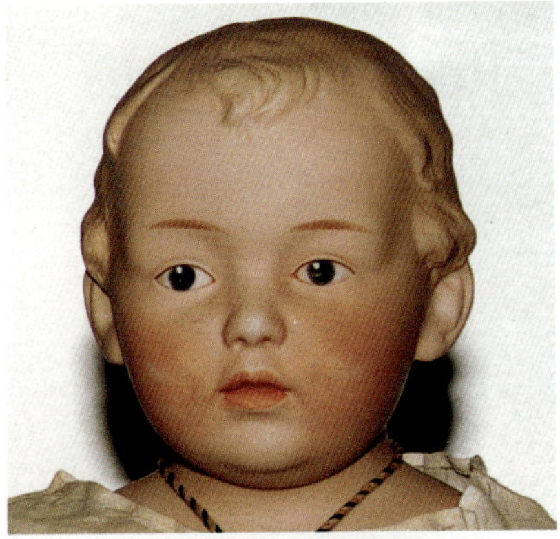
73

Serien-Nr.	Kopf	Mund	Körper	Größe	hergestellt ab	Abb. in Preisf.	Preis DM
5777	Kurbelk.	offen	Gliederk.	63 cm	1913	95/96	**10.000 - 12.000**
6692	Brustk.	geschl.	Lederk.	41 cm	1912	95/96	**2.600 - 2.800**
6896	Kurbelk.	geschl.	Gliederk.	30 cm	1912	91/92	**1.600 - 1.800**
7129	Brustk.	offen/geschl.	Stoffk.	39 cm	1910	91/92	**2.600 - 2.800**
7246	Kurbelk.	geschl.	Gliederk.	30 cm	1912	95/96	**4.500 - 4.800**
7246	Kurbelk.	geschl.	Gliederk.	58 cm	1912	95/96	**12.000 - 15.000**
7346	Brustk.	geschl.	Lederk.	45 cm	1912	95/96	**4.000 - 4.500**
7602	Kurbelk.	geschl.	Babyk.	17 cm	1912	-	**700 - 800**
7602	Kurbelk.	geschl.	Babyk.	42 cm	1912	-	**3.000 - 3.200**
7602	Kurbelk.	geschl.	Gliederk.	66 cm	1912	95/96	**6.500 - 7.500**
7608	Kurbelk.	geschl.	Babyk.	35 cm	1912	95/96	**3.000 - 3.500**
7620	Kurbelk.	offen/geschl.	Gliederk.	49 cm	1912	95/96	**3.500 - 4.000**
7622	Kurbelk.	geschl.	Gliederk.	46 cm	1912	93/94	**4.500 - 5.000**
7647	Kurbelk.	offen/geschl.	Gliederk.	30 cm	1912	95/96	**2.000 - 2.400**
7679	Kurbelk.	offen/geschl.	Gliederk.	39 cm	1912	95/96	**4.000 - 5.000**
7744	Kurbelk.	geschl.	Babyk.	35 cm	1912	91/92	**7.000 - 8.000**
7760	Kurbelk.	geschl.	Wachstuchk.	41 cm	1912	95/96	**6.000 - 6.500**
7764	Kurbelk.	offen/geschl.	Gliederk.	47 cm	1912	85/86	**9.000 - 12.000**
7818	Brustk.	offen/geschl.	Lederk.	47 cm	1912	89/90	**4.200 - 4.500**
7956	Kurbelk.	geschl.	Babyk.	37 cm	1912	85/86	**12.000 - 15.000**
7971	Kurbelk.	offen/geschl.	Babyk.	32 cm	1912	91/92	**4.000 - 4.500**
7977	gem. Augen	geschl.	Babyk.	26 cm	1912	89/90	**3.200 - 3.800**
8050	Kurbelk.	offen/geschl.	Gliederk.	30 cm	1912	89/90	**5.500 - 6.500**
8192	Kurbelk.	offen	Gliederk.	39 cm	1914	85/86	**2.000 - 2.400**
8244	Kurbelk.	offen/geschl.	Gliederk.	38 cm	1914	89/90	**6.500 - 7.500**
8550	Kurbelk.	offen/geschl.	Babyk.	27 cm	1912	95/96	**2.200 - 2.500**
8550	Kurbelk.	offen/geschl.	Babyk.	40 cm	1912	-	**4.000 - 4.500**
8573	Kurbelk.	offen/geschl.	Babyk.	40 cm	1912	93/94	**3.600 - 4.000**
8668	Brustk.	offen/geschl.	Wachstuchk.	48 cm	1914	93/94	**4.200 - 4.800**
10731	Kurbelk.	offen	Toddlerk.	65 cm	1920	95/96	**6.500 - 7.500**

74

75 Helga und Peter Baumann

74 Mädchenpuppe: gemarkt *„SIMON & HALBIG K (Stern) R 39"*, Biskuitkurbelkopf, offener Mund mit 4 Zähnen oben, blaue Schlafaugen, Mohairperücke, Gliederkörper aus Holz und Masse, alte Kleidung - selten in dieser Größe - (39 cm, um 1910).

DM 1.700 - 1.900

in 66 cm **DM 2.400 - 2.600**

75 Kleine Gliederpuppe: gemarkt *„SIMON & HALBIG K (Stern) R 26"*, auf der Stirn: *„W"*, Biskuitkurbelkopf, offener Mund, 4 Zähne oben, blaue Schlafaugen, ergänzte Echthaarperücke, Gliederkörper aus Holz und Masse - nicht häufig in dieser Größe - (26 cm, um 1910).

DM 1.200 - 1.400

76 Marianne Eussen

76 Gliederpuppe: gemarkt *„K (Stern) R Simon & Halbig 29 Germany 55"*, Biskuitkurbelkopf, 4 Zähne oben, braune Schlafaugen, Original-Mohairperücke, Gliederkörper aus Holz, Masse und Pappe, alte Kleidung (55 cm, um 1920).

DM 2.200 - 2.400

77

78

78 Mädchenpuppe: gemarkt *„192"*, Biskuitkurbelkopf, offener Mund mit 4 Zähnen oben, zweifarbige Lippenbemalung, Kinngrübchen, braune Schlafaugen, sehr schöne Original-Mohairperücke, Gliederkörper aus Holz und Masse mit losen Kugeln im Schultergelenk, altes Kleid (50 cm, um 1900).

DM 2.400 - 2.700

77 Mädchenpuppe: gemarkt *„192 9"*, Biskuitkurbelkopf, geschlossener Mund mit zweifarbiger Lippenbemalung und heller Aussparung in der Mitte, Kinngrübchen, blaue Schlafaugen, ausdrucksstarke Brauenbemalung, Echthaarperücke, schwerer Gliederkörper aus Holz und Masse mit festen Handgelenken, alte Kleidung (39 cm, um 1900).

DM 5.500 - 6.000

in 55 cm **DM 8.500 - 9.500**

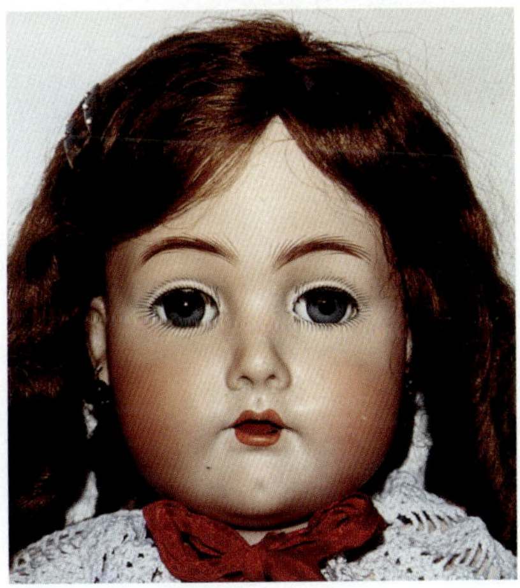

79

79 Gliederpuppe: gemarkt *„K (Stern) R SIMON & HALBIG 403 Germany 62"*, im Kopfrand: *„1918"*, Biskuitkurbelkopf, offener Mund mit 4 Zähnen oben, durchstochene Ohrläppchen, Kinngrübchen, blaue Schlafaugen, ergänzte Perücke, Gliederkörper aus Holz und Masse, altes Kleid (62 cm, um 1918).

DM 2.200 - 2.400

80 Ladenburger Spielzeugauktionen

80 Charakterbaby: gemarkt *„K (Stern) R 100"*, Biskuitkurbelkopf, offen/geschlossener Mund, gemalte Augen, Babykörper aus Masse, zusammen mit einer Menge alter Puppenkleidung (28 cm, um 1909).

	DM 3.200
ohne Zubehör	**DM 2.000 - 2.200**
in 36 cm	**DM 2.200 - 2.400**
in 50 cm	**DM 3.800 - 4.200**

81 Ladenburger Spielzeugauktionen

81 Marie: gemarkt *„K (Stern) R 101"*, Biskuitkurbelkopf, geschlossener Mund, gemalte Augen, Mohairperücke, Gliederkörper aus Holz und Masse, alte Unterwäsche, Puppe im Nähkasten *„Das fleißige Puppenmütterchen"*, Verlag O. und M. Hausser, Ludwigsburg, mit einigen Schnittmusterbögen, Nähutensilien und Spitze, sehr guter Zustand, selten! (22 cm, ab 1909).

DM 5.900

82 Kleine Marie: gemarkt *„K (Stern) R 101 21"*, Biskuitkurbelkopf, geschlossener Mund, gemalte Augen, sehr schöne Original-Mohairperücke, fünfteiliger Körper aus Masse mit gemalten Strümpfen und Schuhen, Original-Trachtenkleidung - selten guter Erhaltungszustand - (21 cm, ab 1909).

	DM 3.500 - 3.900
in durchschn. Erhaltung	**DM 2.900 - 3.200**
in 39 cm	**DM 8.500 - 10.000**

82

83 Auktionshaus Sotheby's, London

83 Absolute Rarität: gemarkt *„105 K (Stern) R 55"*, Biskuitkurbelkopf mit ausdrucksvoller Modellierung, offen/geschlossener Mund, blaue, gemalte Augen, Mohairperücke, Gliederkörper aus Holz und Masse, Seidenkleid (55 cm, um 1909).

DM 275.000

84 Auktionshaus Sotheby's, London

84 Rarität: gemarkt *„106 K (Stern) R 53"*, Biskuitkurbelkopf, pausbackiges Gesicht mit Doppelkinn, geschlossener Mund, blau/graue, gemalte Augen, Echthaarperücke, Gliederkörper aus Holz und Masse, Schwesterntracht (56 cm, um 1909).
DM 233.000

Anmerkung zu Abbildung 83 + 84: Beide Puppen erzielten diese einmaligen Preise auf der Auktion von Sotheby's, London, vom 17. und 18. Oktober 1996.

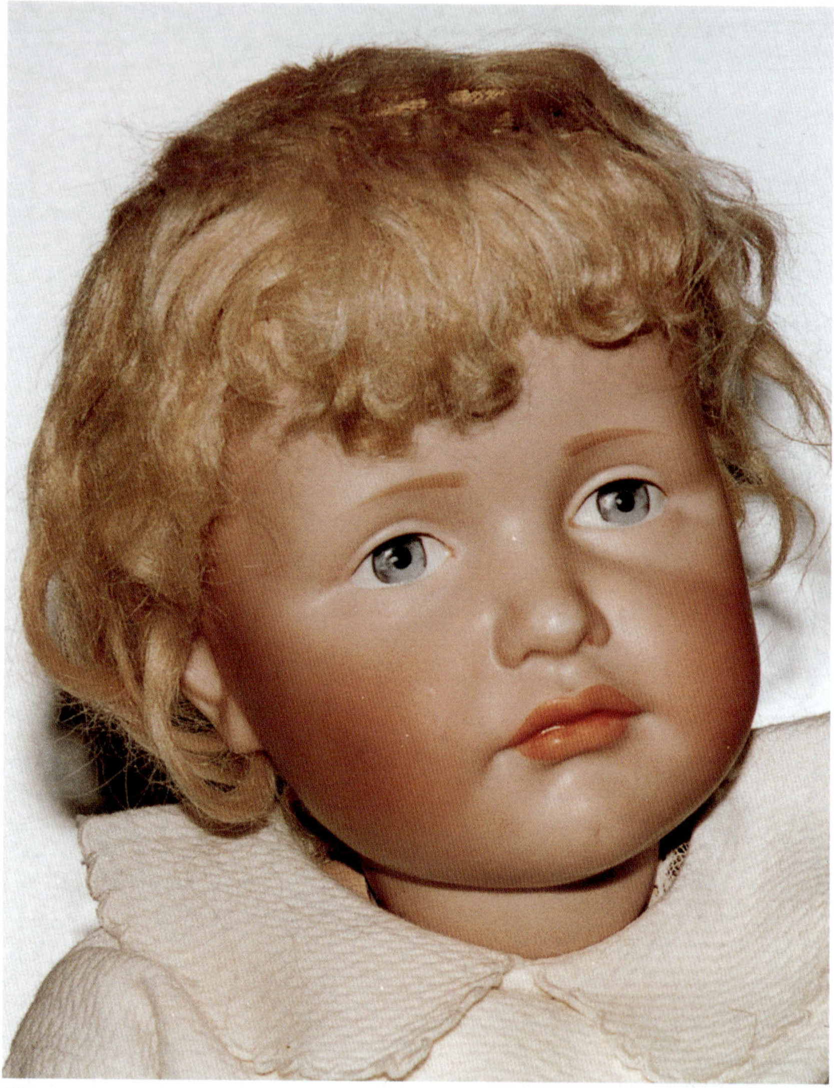

85

85 Hans: gemarkt *„K (Stern) R 114 57"*, Biskuitkurbelkopf, geschlossener Schmollmund, gemalte, blaue Augen, blonde Mohairperücke, Gliederkörper aus Holz und Masse, Anzug (57 cm, ab 1909).

DM 15.000 - 18.000

in 19 cm **DM 3.000 - 3.500**

in 64 cm **DM 18.000 - 22.000**

86 Gretchen: gemarkt *„K (Stern) R 114 49"*, Biskuitkurbelkopf, geschlossener Schmollmund, braune Schlafaugen, Augenbrauenbemalung in einem Strich, kurz gestrichtelte Wimpernbemalung oben, Gliederkörper aus Holz und Masse, schöne, alte Bekleidung (49 cm, ab 1909).

DM 20.000 - 25.000

86 Ursula M. Dieterich

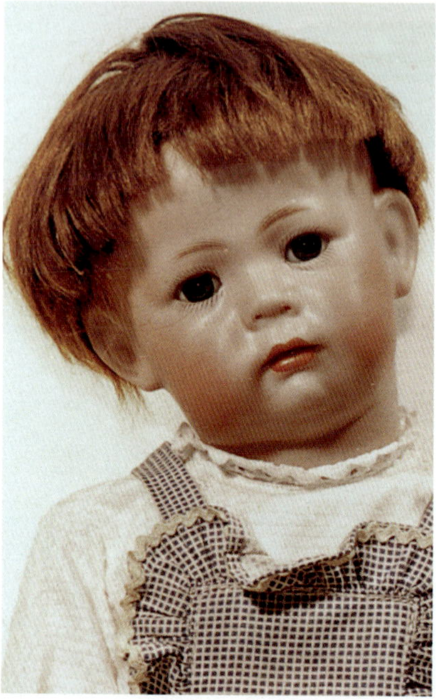

87

87 Beliebte Charakterpuppe: gemarkt *„K (Stern) R S & H 115/A 38"*, Biskuitkurbelkopf, geschlossener Mund, blaue Schlafaugen, Mohairperücke, qualitätsvoller Toddlerkörper mit festen Handgelenken, alte Spielhose (38 cm, ab 1911).

	DM 9.500 - 12.000
in 48 cm	**DM 12.000 - 14.000**

88 Große Charakterpuppe: gemarkt *„K (Stern) R SIMON & HALBIG 116/A 62"*, Biskuitkurbelkopf, offen/geschlossener Mund, stark ausgeprägte Wangenpartie, blaue Schlafaugen, Mohairperücke, Toddlerkörper aus Holz und Masse, Kleidung ergänzt (66 cm, ab 1911).

	DM 10.000 - 12.000
in 50 cm mit Babykörper	**DM 8.500 - 9.500**
in 28 cm mit offenem Mund	**DM 3.800 - 4.500**
in 28 cm mit geschl. Mund	**DM 4.500 - 5.000**

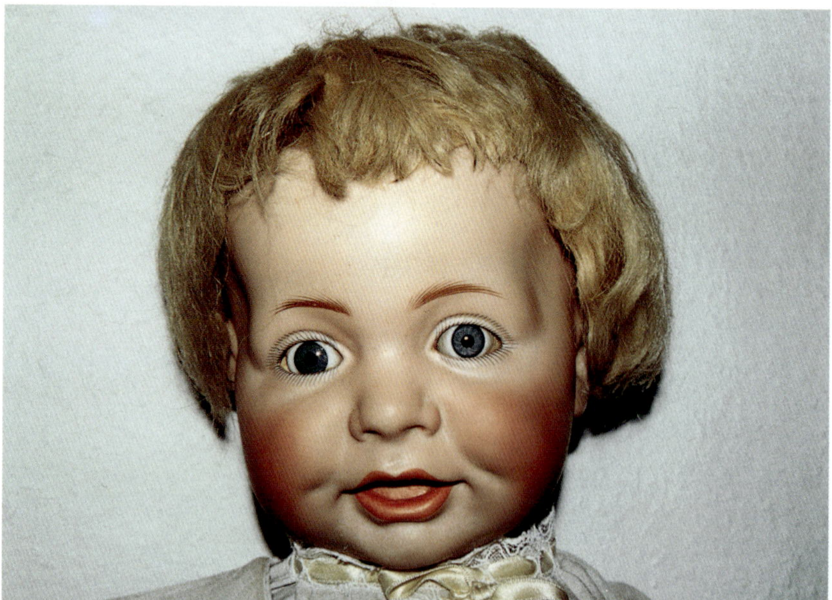

88

89

89 Mein Liebling: gemarkt *„K (Stern) R SIMON & HALBIG 117 76“*, Biskuitkurbelkopf, geschlossener Mund, braune Schlafaugen, Mohairperücke mit Locken, Gliederkörper aus Holz und Masse, altes Kleid (76 cm, ab 1911).

DM 18.000 - 20.000

in 43 cm **DM 10.000 - 12.000**

in 62 cm **DM 14.000 - 16.000**

90 Mein neuer Liebling: gemarkt *„K (Stern) R SIMON & HALBIG 117 n 62“*, Biskuitkurbelkopf, offener Mund mit 4 Zähnen oben, blaue Schelmenaugen mit Unart-Mechanismus, typischer Toddlerkörper mit langen Unterschenkeln aus Holz und Masse, alte Unterwäsche (62 cm, ab 1916).

DM 4.500 - 5.000

in 80 cm **DM 6.500 - 7.000**

90

91

91 Charakterpuppe: gemarkt *„K (Stern) R S & H 118 36“*, Biskuitkurbelkopf, tiefe Wangengrübchen, offener Mund mit 2 Zähnen oben, Kinngrübchen, blaue Schlafaugen, Echthaarperücke, Toddlerkörper aus Holz und Masse, Matrosenkleid in altem Stil (45 cm, ab 1911).

DM 7.000 - 8.000

92 Große Charakterpuppe: gemarkt *„K (Stern) R SIMON & HALBIG 121 56“*, Biskuitkurbelkopf, offener Mund mit 2 Zähnen oben, blaue Schelmenaugen, Wangen- und Kinngrübchen, Mohairperücke, Toddlerkörper aus Holz und Masse, ergänzter Anzug (63 cm, ab 1912).

DM 3.800 - 4.200

mit Babykörper **DM 3.200 - 3.400**

92

93

93 Beliebtes Charakterbaby: gemarkt *„K (Stern) R SIMON & HALBIG 122 42"*, Biskuitkurbelkopf, offener Mund mit 2 Zähnen oben, tiefe Wangengrübchen, Kinngrübchen, blaue Schlafaugen, Original-Mohairperücke, Babykörper aus Masse, alte Kleidung (42 cm, ab 1912).

DM 2.600 - 3.000

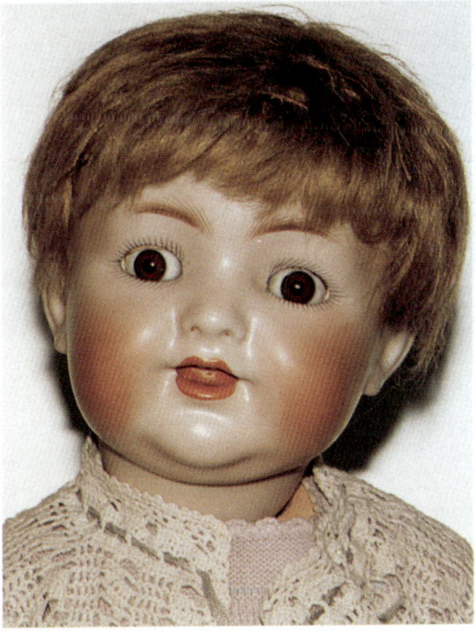

94

94 Babypuppe: gemarkt *„K (Stern) R SIMON & HALBIG 22 Germany 42"*, Biskuitkurbelkopf, offener Mund mit 2 Zähnen oben, braune Schlafaugen, Mohairperücke, Babykörper aus Masse, alte Babykleidung (42 cm, um 1912).

DM 1.300 - 1.500

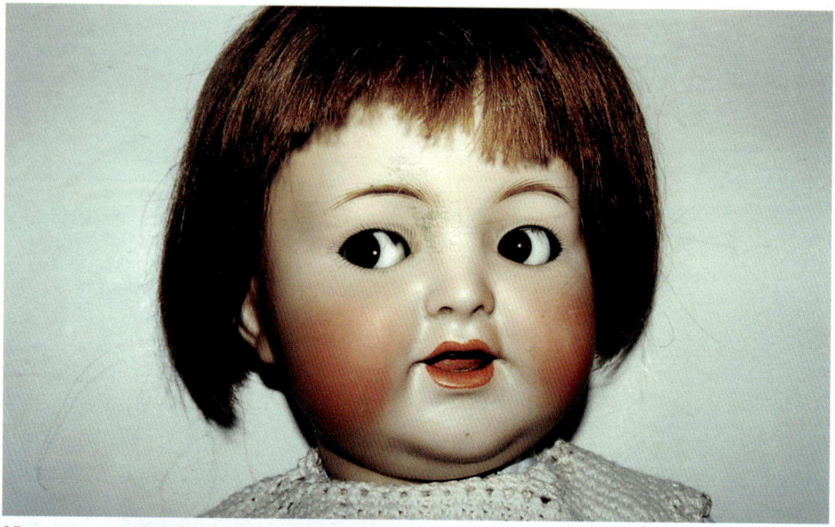

95

96 Marianne Eussen

95 Mein Lieblingsbaby: gemarkt *„K (Stern) R SIMON & HALBIG 126 Germany 56“*, Biskuitkurbelkopf, offener Mund mit 2 Zähnen oben, braune Schelmenaugen, Toddlerkörper (61 cm, um 1914).
DM 2.000 - 2.400
mit Babykörper **DM 1.800 - 2.000**
mit Babykörper in 36 cm **DM 1.200 - 1.400**

96 Mein Lieblingsbaby: gemarkt *„K (Stern) R SIMON & HALBIG 126 24“*, feiner Biskuitkurbelkopf, offener Mund mit 2 Zähnen oben, braune Schlafaugen, braune Mohairperücke, Toddlerkörper, niedliche, alte Bekleidung inklusive Lederschuhen - selten in dieser Größe - (29 cm, um 1914).
DM 1.600 - 1.800
in durchschn. Erhaltung **DM 1.200 - 1.500**

Charakter:

Serien-Nr.	Kopf	Mund	Körper	Größe	hergestellt ab	Abb. in Preisf.	Preis DM
107	Kurbelk.	geschl.	Gliederk.	30 cm	1909	95/96	**26.000 - 30.000**
109	Kurbelk.	geschl.	Gliederk.	43 cm	1909	93/94	**22.000 - 25.000**
128	Kurbelk.	offen	Babyk.	42 cm	1914	95/96	**3.600 - 4.000**
214	Brustk.	geschl.	Lederk.	48 cm	1909	93/94	**8.500 - 10.000**

97 Ladenburger Spielzeugauktionen

97 Charakterbaby: gemarkt *„K (Stern) R 127"*, Biskuitkurbelkopf, Vollkopf mit gestrichelter Haarbemalung, offener Mund mit 2 Zähnen oben, Babykörper aus Masse, altes Kleidchen (34 cm, ab 1914).

DM 4.150

98

99

98 Frühe Puppe: gemarkt *„14"*, Biskuitkurbelkopf, geschlossener Mund mit zweifarbiger Bemalung und heller Aussparung in der Mitte, blaue Schlafaugen mit Strahleniris, blonde Mohairperücke, schwerer Gliederkörper mit festen Handgelenken aus Holz und Masse, altes Kleid und Schuhe (55 cm, um 1885).

DM 7.500 - 8.500

99 Mädchenpuppe: gemarkt *„D"*, Biskuitbrustkopf, kleiner, geschlossener Mund mit zweifarbiger Bemalung, braune, feststehende Augen, alte Mohairperücke (ergänzt), Lederkörper mit Biskuit-Unterarmen (38 cm, um 1895).

DM 2.600 - 3.000

100 Ursula M. Dieterich

100 Rare Gliederpuppe: gemarkt *„9"*, heller Biskuitkurbelkopf, offen/geschlossener Mund, blaue Paperweight-Augen, Echthaarperücke, früher Gliederkörper aus Holz und Masse mit festen Handgelenken, alte Kleidung - sogenannte A.T. Kestner, da sie der berühmten Puppe von Thuillier gleicht - (52 cm, um 1890).

DM 22.000 - 24.000

101

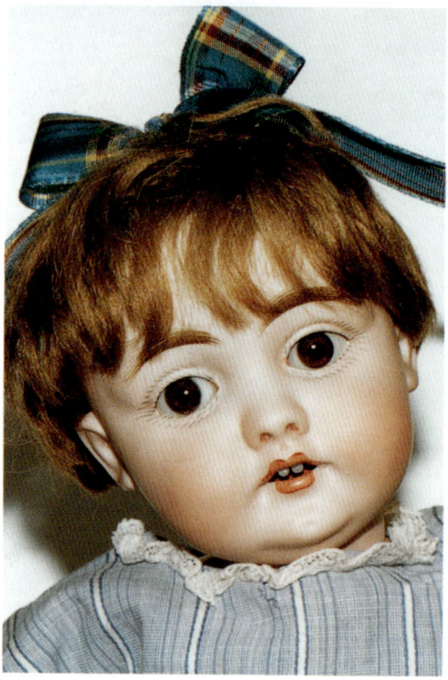

102

101 Mädchenpuppe: gemarkt *„H made in Germany 12 128“*, Biskuitkurbelkopf, geschlossener Mund, Kinngrübchen, braune Schlafaugen, Original-Echthaarperücke, Gliederkörper aus Holz und Masse mit rotem Stempel *„Excelsior D. R. P. No. 70685“*, altes Kleid (50 cm, um 1897).

DM 6.000 - 7.000

in 64 cm **DM 9.000 - 10.000**

102 Beliebte Gliederpuppe: gemarkt *„E made in Germany 9“* (auch mit Serien-Nr. 143), Biskuitkurbelkopf, offener Mund mit 2 Zähnen oben, braune Schlafaugen, Kinngrübchen, Original-Mohairperücke, Gliederkörper aus Holz und Masse mit rotem Stempel *„Germany“* sowie Papieraufkleber *„Made for G. A. Schwarz Philadelphia made in Germany“*, altes Kleid (40 cm, ab 1897).

DM 2.400 - 2.800

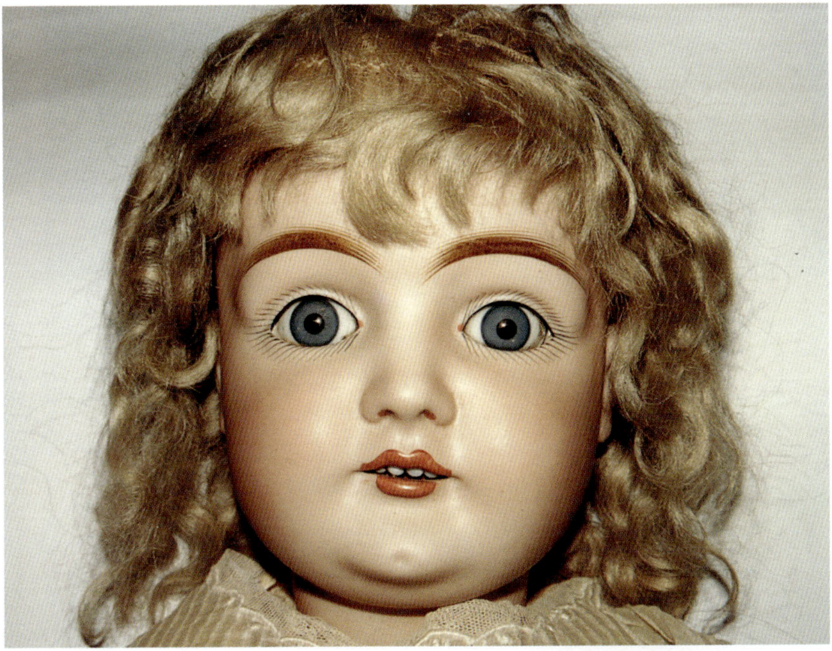

103

103 Aparte Gliederpuppe: gemarkt *„L 1/2 made in Germany 15 1/2 146"*, Biskuitkurbelkopf, offener Mund mit zweifarbiger Bemalung, 4 Zähne oben, Kinngrübchen, blaue Schlafaugen, Original-Mohairperücke, Gliederkörper aus Holz und Masse, altes Kleid (67 cm, ab 1897).

DM 2.800 - 3.000

104 Helga und Peter Baumann

104 Gliederpuppe: gemarkt *„F 1/2 made in Germany 10 1/2 152"*, Biskuitkurbelkopf, offener Mund mit 4 Zähnen oben, blaue Schlafaugen, Echthaarperücke, Gliederkörper aus Holz und Masse mit rotem Stempel *„Germany 3"*, alte Bekleidung (52 cm, um 1897).

DM 2.400 - 2.600

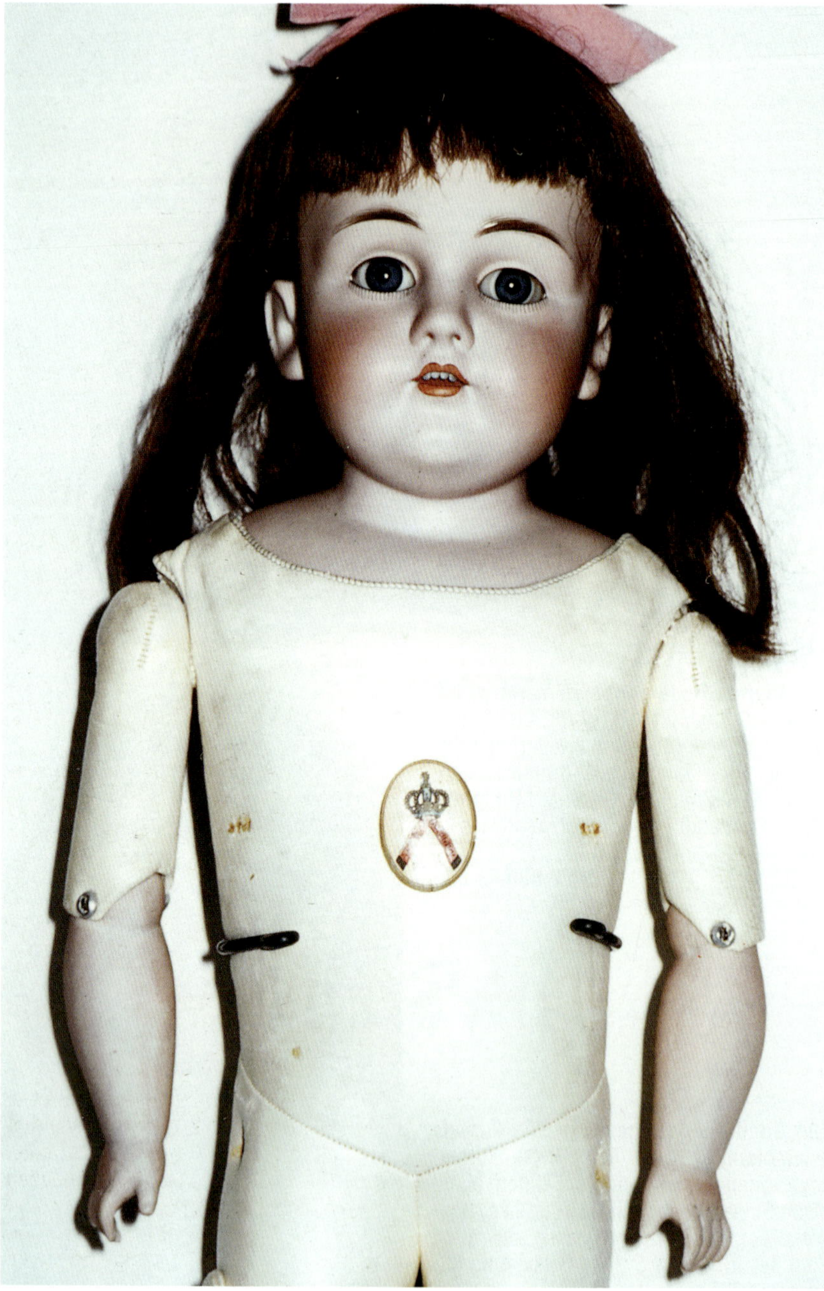

105 Helga und Peter Baumann

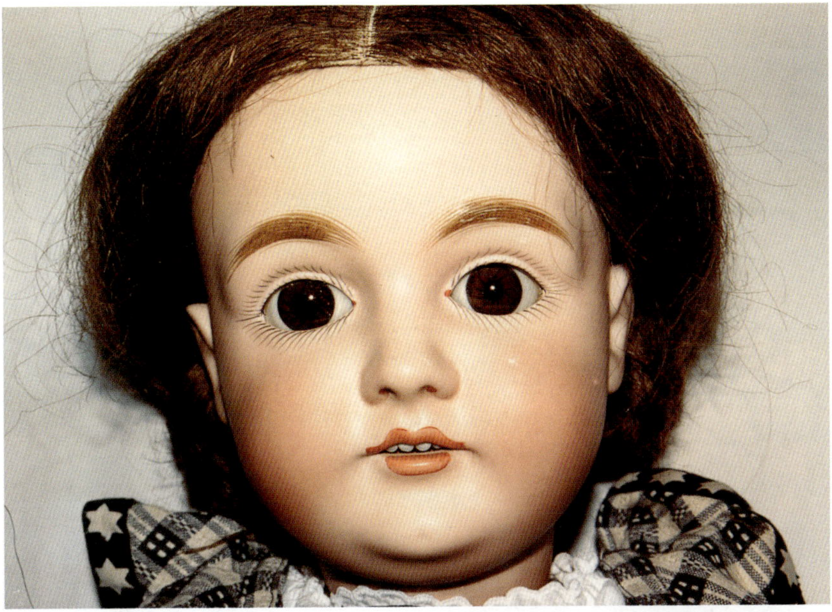

106

106 Gliederpuppe: gemarkt *„L made in Germany 15 164"*, Biskuitkurbelkopf, offener Mund mit zweifarbiger Bemalung, Kinngrübchen, braune Schlafaugen, braune Echthaarperücke, Gliederkörper aus Holz und Masse, alte Kleidung (70 cm, um 1898).

DM 2.800 - 3.200

in 42 cm **DM 2.200 . 2.400**

in 82 cm **DM 4.000 - 4.500**

105 Große Brustkopfpuppe: gemarkt *„Dep. 154 13"*, Biskuitbrustkopf, offener Mund mit 4 Zähnen oben, blaue Schlafaugen, Wimpern nur unten gemalt, Massekopfdeckel, alte Echthaarperücke, Kestner-Lederkörper mit Aufkleber *„(Kronenzeichen) 1/2 Cork stuffed"*, Biskuit-Unterarme, ergänzte Bekleidung (65 cm, um 1897).

DM 2.400 - 2.600

107

107 Hübsche Mädchenpuppe: gemarkt *„H made in Germany 12 167"* Biskuitkurbelkopf mit offenem Mund und 4 Zähnen oben, Kinngrübchen, blaue Schlafaugen, sehr schöne, blonde Mohairperücke (original), Gliederkörper aus Holz und Masse mit rotem Stempel *„Germany"*, alte Bekleidung (60 cm, ab 1898).

DM 2.600 - 2.800

108

109

108 Mädchenpuppe: gemarkt *„K made in Germany 14 171 5“*, Biskuitkurbelkopf, offener Mund, zweifarbig bemalt mit 4 Zähnen oben, Kinngrübchen, blaue Schlafaugen, Wimpern nur unten gemalt, blonde Echthaarperücke, Gliederkörper aus Holz und Masse mit rotem Stempel *„Germany 5“*, altes Kleid (66 cm, ab 1900).

DM 2.400 - 2.800

in 42 cm **DM 2.000 - 2.400**

in 76 cm **DM 3.200 - 3.500**

109 Mädchenpuppe: gemarkt *„F 1/2 made in Germany 10 1/2 174“*, Biskuitkurbelkopf, offener Mund mit 4 Zähnen oben, Kinngrübchen, braune Schlafaugen, modellierte Augenbrauen, Original-Mohairperücke, Gliederkörper aus Holz und Masse mit rotem Stempel *„Germany 3“*, altes Kleid (54 cm, um 1905).

DM 2.400 - 2.600

110 Interessante Charakterpuppe: gemarkt *„186."*, Biskuitkurbelkopf, ausgeprägte Wangenpartie, offen/geschlossener Mund mit 6 modellierten Zähnchen, blaue, gemalte Augen mit feiner Wimpernbemalung oben, Mohairperücke, rosa Gliederkörper aus Holz und Masse mit rotem Stempel *„made in Germany"*, alte Jungenpuppen-Bekleidung (43 cm, um 1910).

DM 8.500 - 9.500

111 Gesuchte Charakterpuppe: gemarkt *„189"*, feiner Biskuitkurbelkopf, geschlossener Mund, blaue Schlafaugen, Original-Mohairperücke, rosa Gliederkörper mit rotem Stempel *„Germany 0 1/2"*, auf dem Rücken Aufkleber *„Made for G. A. Schwarz Philadelphia made in Germany"*, Original-Kleidung (39 cm, um 1910).

DM 20.000 - 25.000

110

111

112 Charakterbaby: gemarkt *„K made in Germany 14 J. D. K. 211"*, Biskuitkurbelkopf, offener Mund, 2 Zähne unten, blaue Schlafaugen, Original-Perücke auf Massekopfdeckel, typischer Babykörper mit angewinkeltem linken Arm, alte Babypuppenkleidung (45 cm, um 1912).

DM 2.300 - 2.500

mit offen/
geschlossenem Mund **DM 2.600 - 3.000**

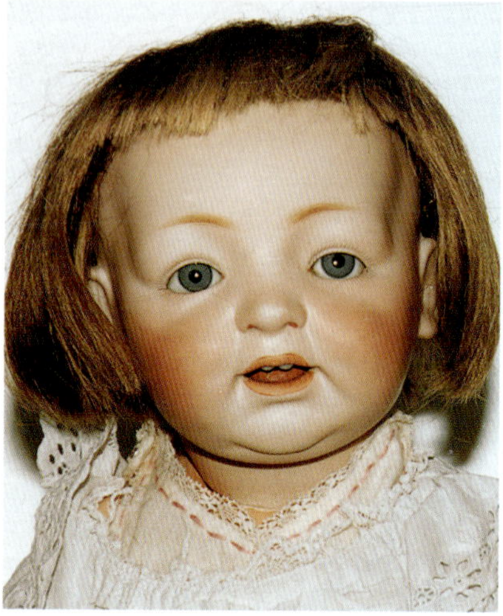
112

113 Baby: gemarkt *„K made in Germany 14 J. D. K. 226"*, Biskuitkurbelkopf, offener Mund mit 2 Zähnen oben, blaue Schlafaugen, Echthaarperücke auf Massekopfdeckel, typischer Babykörper mit angewinkeltem linken Arm, altes Taufkleid (45 cm, um 1912).

DM 2.400 - 2.600

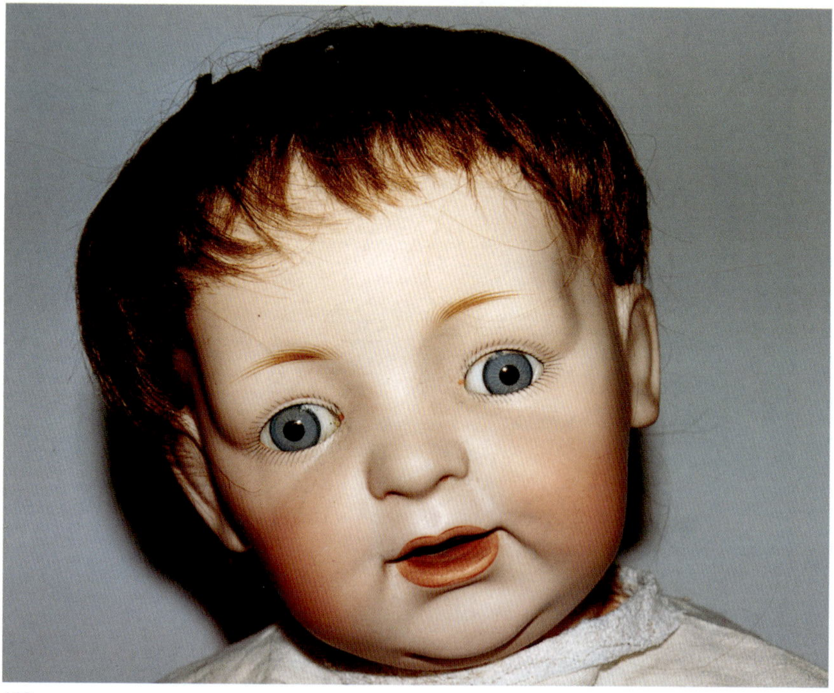
113

114

114 Niedliches Charakterbaby: gemarkt *„K made in Germany 14 247 J. D. K. 14"*, Biskuitkurbelkopf, offener Mund mit 2 Zähnen oben, blaue Schlafaugen, Original-Mohairperücke, Stehbabykörper aus Masse mit angewinkeltem Arm links, alte Kleidung (50 cm, ab 1915).

DM 4.800 - 5.200

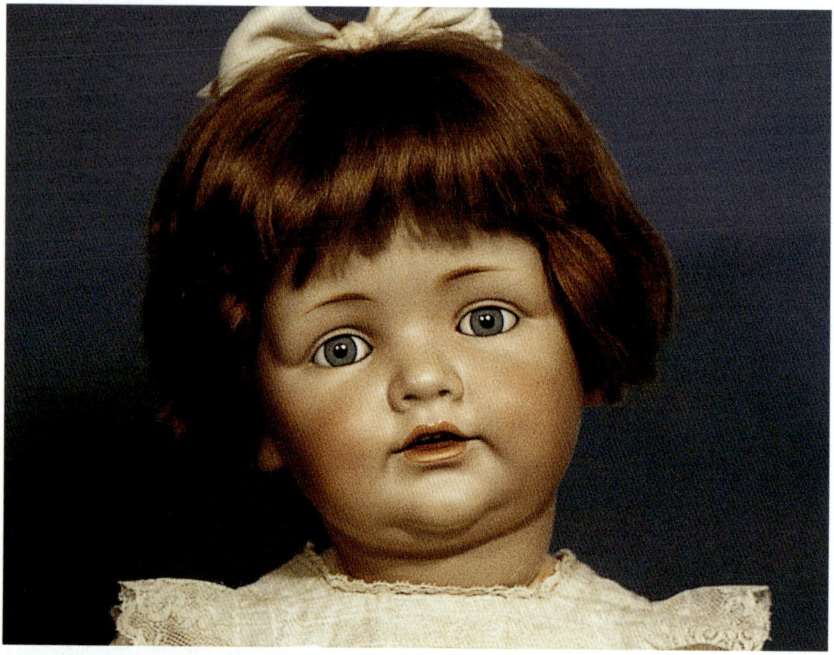

115 Ladenburger Spielzeugauktionen

115 Charakter-Puppe: gemarkt *„made in Germany J. D. K. 239“*, Biskuitkurbelkopf, offener Mund mit 4 Zähnen oben, blaue Schlafaugen, Original-Mohairperücke, Toddlerkörper aus Holz und Masse, Original-Kleidung und Schuhe (69 cm, um 1914).

DM 8.500 - 9.500

Auktionspreis: **DM 6.900**

116

116 Charakterbaby: gemarkt *„made in Germany 257. J.D. K. 44“*, Biskuitkurbelkopf, offener Mund mit 2 Zähnen oben, blaue Schlafaugen, Original-Mohairperücke, Babykörper aus Masse, linker Arm angewinkelt, Stimm-Mechanismus, ergänzter Spielanzug (44 cm, um 1916)

DM 2.400 - 2.600

in 57 cm **DM 2.800 - 3.200**

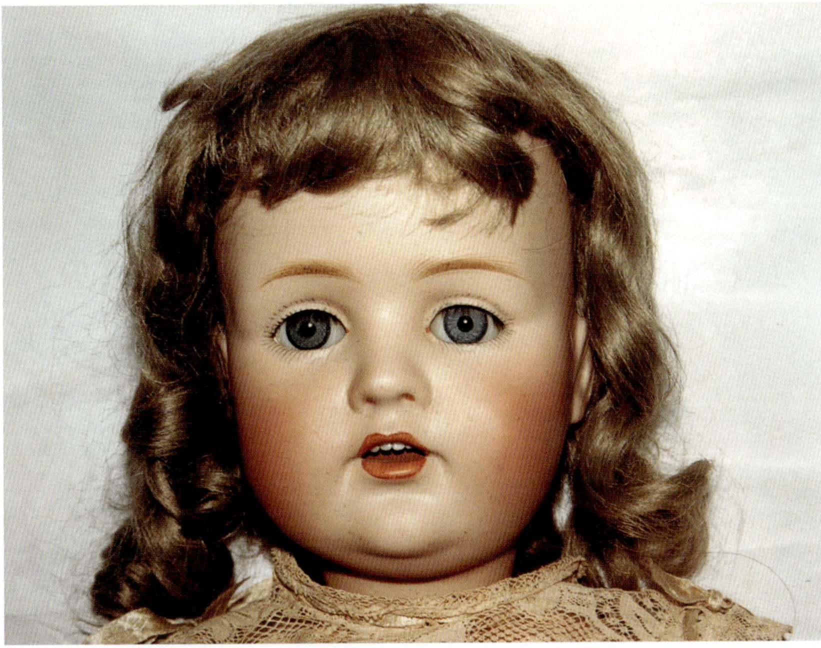

117

118

117 Charakter-Mädchenpuppe: gemarkt *„E 1/2 made in Germany J. D. K. 249 9 1/2"*, Biskuitkurbelkopf, offener Mund mit 4 Zähnen oben, blaue Schlafaugen, Original-Mohairperücke, Gliederkörper aus Holz und Masse, altes Kleid (55 cm, ab 1915).

DM 3.600 - 4.000

118 Kleine Charakterpuppe: gemarkt *„J. D. K. 260 made in Germany 27-31"*, Biskkurbelkopf, offener Mund mit 4 Zähnen oben, blaue Schlafaugen, Echthaarperücke, Gliederkörper aus Holz und Masse mit rotem Stempel: *„Made in Germany 3"*, altes Kleidchen (32 cm, ab 1916).

DM 1.600 - 1.800

in 53 cm **DM 2.800 - 3.200**

119 Ingrid Altfelder

120 Ingrid Altfelder

119 Baby: gemarkt *„Germany CENTURY DOLL & Co.“*, Biskuitringhalskopf, Vollkopf mit zart getöntem Haarboden und modellierter Stirnlocke, kleiner, geschlossener Mund, blaue Schlafaugen, Stoffkörper mit Masse-Unterarmen, Original-Kleidung (30 cm, um 1920).

DM 1.600 - 1.800

120 Siegfried: gemarkt *„Siegfried made in Germany“*, Biskuitringhalskopf mit interessantem Ausdruck, Vollkopf mit getöntem Haarboden, schmale Augenausschnitte, blaue Schlafaugen, geschlossener Mund, Stoffkörper mit Masse-Unterarmen, alte Babypuppenkleidung (32 cm, um 1925).

DM 3.400 - 3.800

122 Baby: gemarkt *„J. D. K. made in Germany 14“*, Biskuitkurbelkopf, Vollkopf mit leichter Haarmodellierung und feiner Haarbemalung, offener Mund mit 2 Zähnen unten, blaue Schlafaugen, Babykörper mit angewinkeltem linken Arm, altes Taufkleidchen (45 cm, um 1912).

DM 2.400 - 2.600

121

121 Hilda: gemarkt *„Hilda J D K 1914 ges. gesch. Nr. 1070 made in Germany“*, Biskuitkurbelkopf, Vollkopf mit zarter Haarbemalung, offener Mund mit 2 Zähnen oben, blaue Schlafaugen, Babykörper mit links angewinkeltem Arm, ergänzte Strickkleidung (40 cm, ab 1914).

DM 8.000 - 9.000

in 50 cm **DM 10.000 - 12.000**

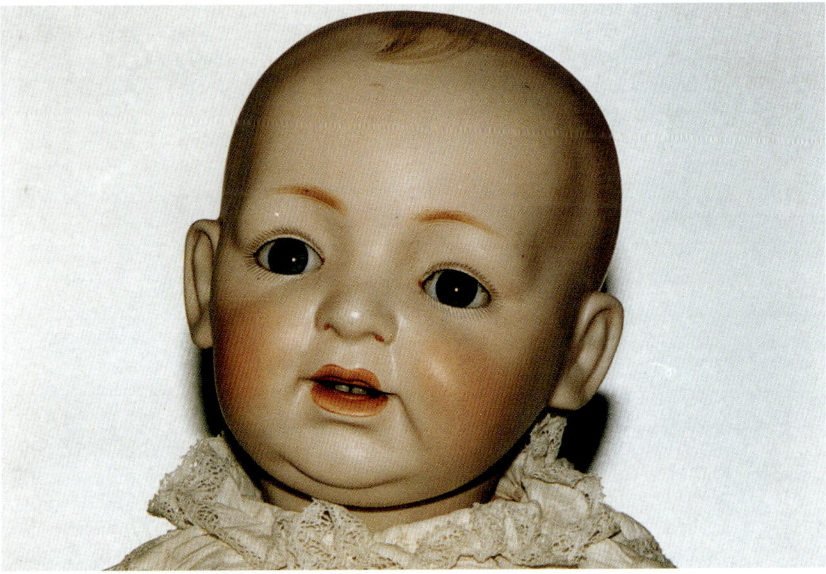

122

123

123 Brustkopfbaby: gemarkt *„C 7 made in Germany 0"*, Biskuitbrustkopf, Vollkopf mit feiner Haarbemalung, blaue Augen, offen/geschlossener Mund, Baby-Ledergelenkkörper mit Masse-Unterarmen und -schenkeln (30 cm, um 1914).
DM 2.000 - 2.400

Kindergesicht:

Serien-Nr.	Kopf	Mund	Körper	Größe	hergestellt ab	Abb. in Preisf.	Preis DM
129	Kurbelk.	offen	Gliederk.	42 cm	1897	87/88	**2.300 - 2.600**
133	Kurbelk.	offen	Stehk.	15 cm	1897	87/88	**750 - 850**
142	Kurbelk.	offen	Gliederk.	110 cm	1897	91/92	**7.500 - 8.500**
148	Brustk.	offen	Lederk.	50 cm	1897	93/94	**1.800 - 2.200**
149	Kurbelk.	offen	Gliederk.	53 cm	1897	91/92	**2.400 - 2.600**
155	Kurbelk.	offen	Stehk.	21 cm	1897	91/92	**1.000 - 1.300**
156	Kurbelk.	offen	Gliederk.	58 cm	1898	95/96	**2.600 - 2.800**
166	Brustk.	offen	Lederk.	60 cm	1898	93/94	**2.200 - 2.400**
196	Kurbelk.	offen	Gliederk.	63 cm	1910	93/94	**2.600 - 3.000**
X	Kurbelk.	geschl.	Gliederk.	36 cm	1885	95/96	**9.000 -10.000**

Charakter:

Serien-Nr.	Kopf	Mund	Körper	Größe	hergestellt ab	Abb. in Preisf.	Preis DM
178	Kurbelk.	geschl.	Gliederk.	34 cm	1909	95/96	**8.500 - 9.500**
182	gem.Augen	geschl.	Gliederk.	38 cm	1910	87/88	**9.500 -12.000**
184	Kurbelk.	geschl.	Gliederk.	30 cm	1910	95/96	**6.800 - 7.500**
185	Kurbelk.	offen/geschl.	Gliederk.	30 cm	1910	95/96	**6.800 - 7.500**
214	Kurbelk.	offen	Gliederk.	63 cm	1910	91/92	**3.400 - 3.600**
234	Brustk.	offen	Lederk.	36 cm	1914	93/94	**2.500 - 2.800**
241	Kurbelk.	offen	Gliederk.	48 cm	1914	95/96	**9.000 -12.000**

124

124 Gesuchte Puppe: gemarkt *„K & H (in Kartusche) 516 5 Germany"*, Biskuitkurbelkopf, geschlossener Mund, blaue Schlafaugen, Mohairperücke, Gliederkörper aus Holz, Pappe und Masse, alte Kleidung (44 cm, um 1912).

DM 10.000 - 12.000

125 Seltene Charakterpuppe: gemarkt *„520 6 Germany"*, Biskuitkurbelkopf, kleine Kopföffnung, lächelnder, geschlossener Mund in zweifarbiger Bemalung, braune, gemalte Augen, Wimpern nur oben gemalt, ausgeprägte Wangengrübchen, Echthaarperücke, Gliederkörper aus Holz, Pappe und Masse, Original-Verkaufskleid und Hut - Kopf von Baehr & Proeschild für Kley & Hahn - (48 cm, um 1910).

DM 10.000 - 12.000

125

126 Ingrid Altfelder

126 Seltene Charakterpuppe: gemarkt *„K & H (in Kartusche) Germany 569 - 1"*, Biskuitkurbelkopf, offen/geschlossener Mund mit modellierten Zähnen oben, blaue Schlafaugen, Mohairperücke, Toddlerkörper aus Holz und Masse, altes Kleidchen - von Baehr & Proeschild für Kley & Hahn - (33 cm, um 1912).

DM 2.500 - 2.800

127 Große Babypuppe: gemarkt *„K & H 680/8"*, Biskuitkurbelkopf, offener Mund mit 2 Zähnen oben, blaue Schlafaugen, alte Perücke, Masse-Stehbabykörper, ergänzter Anzug, alte Schuhe (65 cm, um 1912).

DM 2.750

in 34 cm **DM 1.200 - 1.400**

in 50 cm **DM 1.500 - 1.800**

128 Charakterbaby: gemarkt *„K & H (in Kartusche) Germany 161-1"*, Biskuitkurbelkopf, auf der Stirn Ausschnitt für Kopfstimme, offen/geschlossener Mund, 2 modellierte Zähne oben, Original-Mohairperücke, Babykörper aus Pappe und Masse, altes Kleidchen - Kopf von Hertel, Schwab & Co. für Kley & Hahn - (32 cm, um 1912).

DM 1.600 - 1.800

in 48 cm **DM 2.600 - 3.000**

127 Ladenburger Spielzeugauktionen

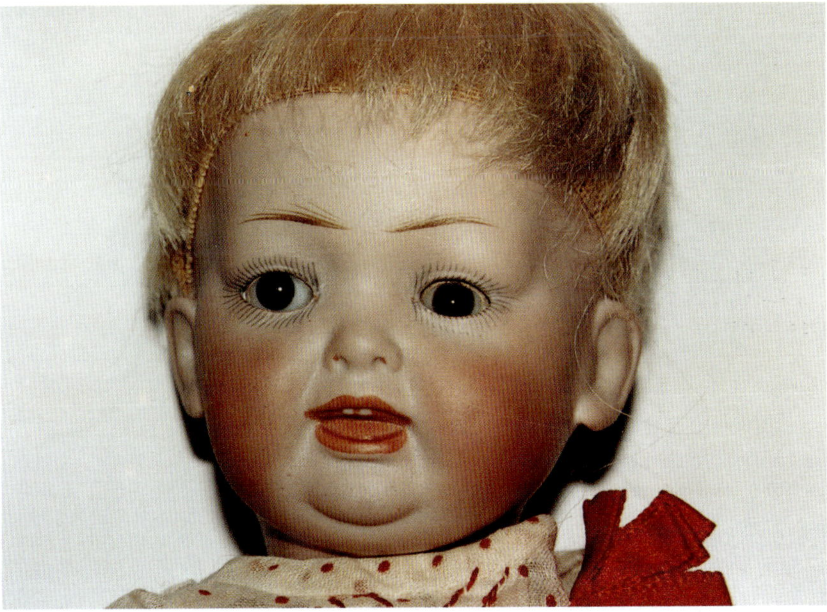

128

129

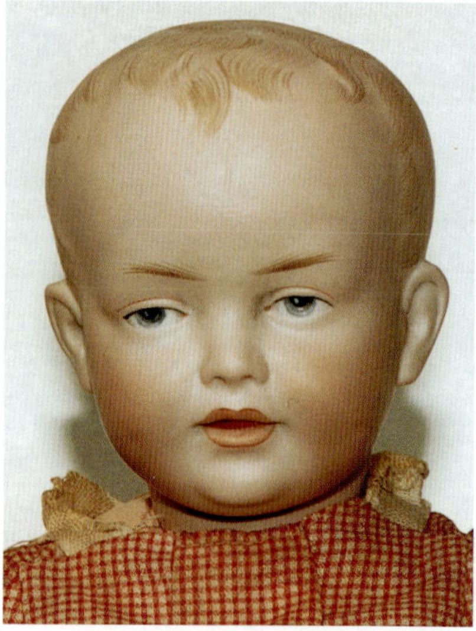

130

129 Jungenpuppe: gemarkt *„K & H (in Kartusche) Germany 166-1“*, Biskuitkurbelkopf, Vollkopf mit brauner Haarbemalung, geschlossener Mund, blaue Schlafaugen, Babykörper aus Masse, altes Hemdchen - Kopf von Hertel, Schwab & Co. für Kley & Hahn - (32 cm, um 1912).

DM 3.800 - 4.000

130 Jungenpuppe: gemarkt *„531“*, feiner Biskuitkurbelkopf, Vollkopf mit feiner Haarbemalung, offen/geschlossener Mund, blaue, gemalte Augen, Toddlerkörper aus Holz und Masse, alte Kleidung - Kopf von Baehr & Proeschild für Kley & Hahn (32 cm, um 1912).

DM 2.600 - 2.800

Kindergesicht:

Serien-Nr.	Kopf	Mund	Körper	Größe	hergestellt ab	Abb. in Preisf.	Preis DM
Walküre	Kurbelk.	offen	Gliederk.	65 cm	1910	95/96	**2.300 - 2.600**

Charakter:

Serien-Nr.	Kopf	Mund	Körper	Größe	hergestellt ab	Abb. in Preisf.	Preis DM
158	Kurbelk.	offen/geschl.	Toddlerk.	46 cm	1911	93/94	**2.800 - 3.200**
166	Kurbelk.	offen	Babyk.	64 cm	1912	93/94	**4.500 - 5.000**
167	Kurbelk.	offen	Babyk.	50 cm	1912	95/96	**2.400 - 2.800**
169	Kurbelk.	geschl.	Toddlerk.	60 cm	1912	93/94	**8.500 - 9.500**
525	gem. Augen	offen/geschl.	Babyk.	38 cm	1912	95/96	**2.600 - 2.800**
525	Glasaugen	offen/geschl.	Babyk.	38 cm	1912	95/96	**3.000 - 3.500**
568	Kurbelk.	offen/geschl.	Toddlerk.	56 cm	1912	95/96	**4.000 - 4.500**

131

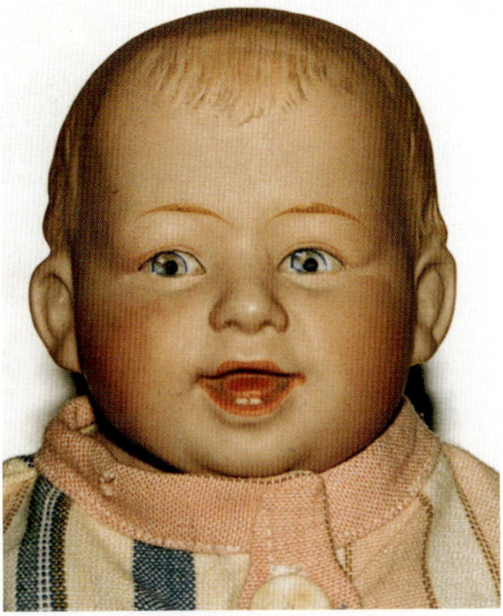

132

132 Lachende Charakterpuppe: gemarkt *„Made in Germany ges. gesch. No. 216 7/0"*, Biskuitbrustkopf, Vollkopf, leicht modellierte Haare, fein gestrichelte Haarbemalung, offen/geschlossener Mund mit 2 Zähnen unten, zur Seite blickende, gemalte Augen mit vertieft liegender Iris, roter Lidstrich, einfacher Gazekörper mit Holzwollefüllung, Masseunterarme und -schenkel, alter Anzug (37 cm, 1912).

DM 2.600 - 3.000

131 Mädchenpuppe: gemarkt *„GKN (gekreuzte Knochen) Made in Germany 201 DEP"*, Biskuitkurbelkopf, offener Mund mit 4 Zähnen oben, braune Schlafaugen, Echthaarperücke, einfacher, unbeschichteter, geklammerter Pappkörper mit geraden Massearmen und -beinen, Originalkleid mit Hut, Papierschuhe (35 cm, um 1900).

DM 650 - 800

ohne Originalkleidung: **DM 450 - 550**

Serien-Nr.	Kopf	Mund	Körper	Größe	hergestellt ab	Abb. in Preisf.	Preis DM
205	Brustk.	offen/geschl.	Stoffk.	45 cm	1910	95/96	**2.600 - 2.800**
241	Brustk.	offen/geschl.	Stoffk.	28 cm	1912	91/92	**2.000 - 2.400**

133

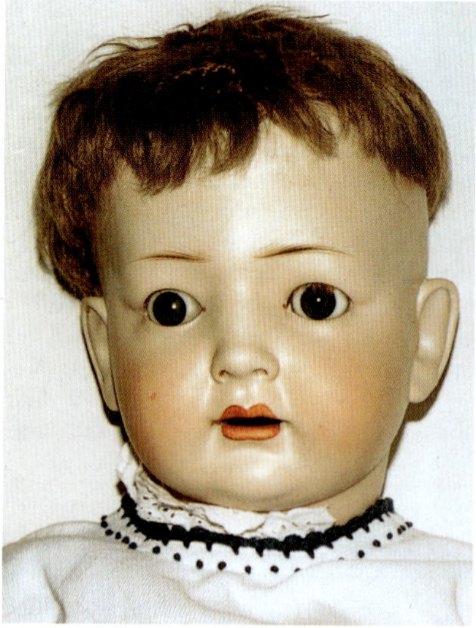

134

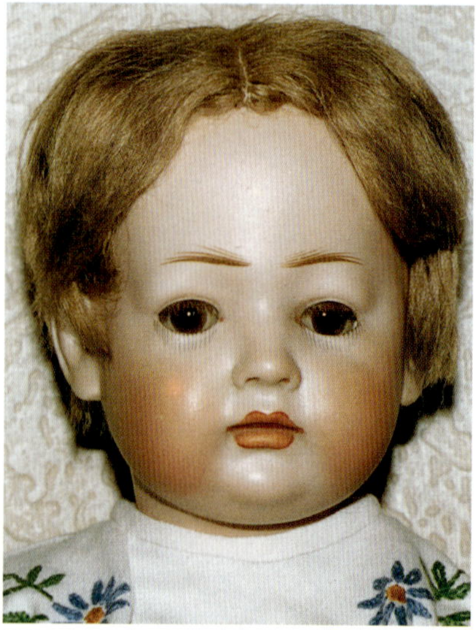

135

136

133 Große Charakterpuppe: gemarkt *„Made in Germany 98/15"*, Biskuitkurbelkopf, offener Mund mit 2 Zähnen oben, durchstochene Nasenlöcher, blaue Schlafaugen (Reflexaugen), Mohairperücke, Stehbabykörper aus Masse und Pappe - Kopf von Hertel, Schwab & Co. für Koenig & Wernicke (75 cm, 1910).
DM 3.000 3.400
in 49 cm **DM 1.800 - 2.000**

134 Großes Charakterbaby: gemarkt *„K & W 1070 15"*, Biskuitkurbelkopf, offener Mund mit 2 Zähnen oben, Wimpern nur unten gemalt, blaue Schlafaugen, abstehende Ohren, alte Mohairperücke, Babykörper aus Masse mit drehbaren Händen, Kleidung ergänzt (65 cm, um 1915).
DM 3.200 - 3.600

136 Große Charakterpuppe: gemarkt *„KW (im Kreis) 12"*, Biskuitkurbelkopf, offener Mund mit 2 Zähnen oben, braune Schlafaugen, Wimpern nur unten gemalt, Original-Echthaarperücke, Toddlerkörper aus Holz und Masse mit Stempel *„Made in Germany K & W"*, ergänzte Kleidung (65 cm, um 1915).
DM 3.500 - 3.800

135 Charakterpuppe: gemarkt *„K & W 1070 IV 6"*, Biskuitkurbelkopf, geschlossener Mund, braune Schlafaugen, Original-Mohairperücke, Wimpern nur unten gemalt, Babykörper aus Masse, Kleidung ergänzt (40 cm, um 1915).
DM 5.500 - 6.500

Serien-Nr.	Kopf	Mund	Körper	Größe	hergestellt ab	Abb. in Preisf.	Preis DM
99	Kurbelk.	offen	Babyk.	35 cm	1910	95/96	**1.200 - 1.400**
99	Kurbelk.	offen	Babyk.	54 cm	1910	-	**1.800 - 2.200**
170	Kurbelk.	offen	Babyk.	45 cm	1915	91/92	**2.400 - 2.800**

137 Marianne Eussen

137 Queen Louise: gemarkt *„Germany Queen Louise 10."*, heller Biskuitkurbelkopf, offener Mund, 4 Zähne oben, blaue Schlafaugen, Original-Mohairperücke, Gliederkörper aus Holz, Pappe und Masse, wundervolle Original-Bekleidung: hellblaues Manufakturkleid mit passendem Hut, Unterwäsche, Strümpfe und Schuhe (62 cm, um 1910).

DM 2.500 - 2.800
in durchschn. Erhaltung **DM 1.800 - 2.200**

138 Marianne Eussen

138 Gliederpuppe: gemarkt *„1894 AM 8 DEP Germany"*, heller Biskuitkurbelkopf, offener Mund, 4 Zähne oben, große, braune Schlafaugen, Original-Mohairperücke, früher Gliederkörper mit festen Handgelenken, sehr schöne Originalkleidung mit Haube, alten Strümpfen und Schuhen (54 cm, um 1894).

DM 1.800 - 2.200

in durchschn. Erhaltung **DM 1.400 - 1.600**

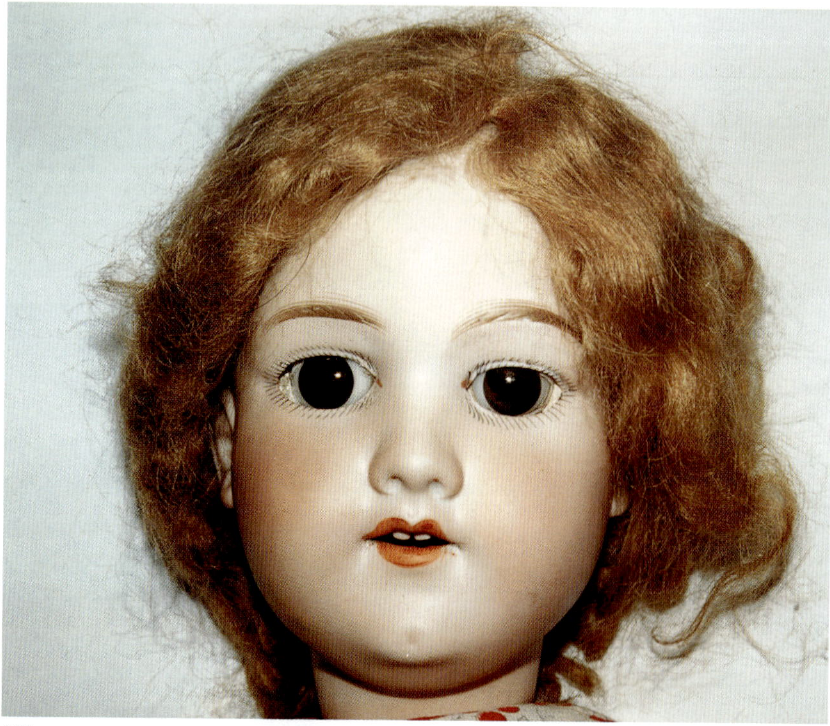

139

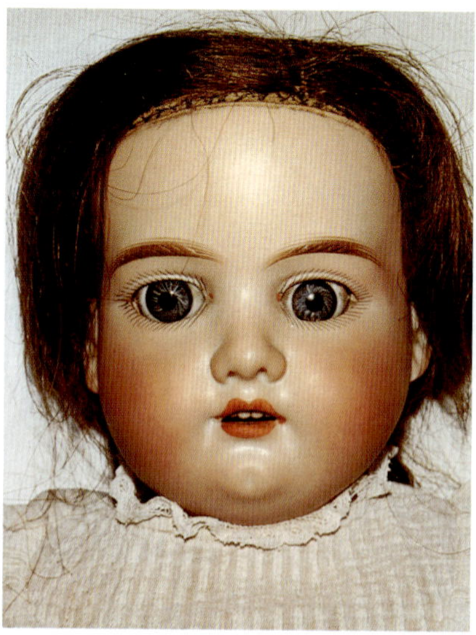

140

139 Mädchenpuppe: gemarkt *„Made in Germany Armand Marseille 390n A. 8 M.“*, Biskuitkurbelkopf, offener Mund, 4 Zähne oben, Kinngrübchen, große, braune Schlafaugen, modellierte Augenbrauen, Mohairperücke, Gliederkörper aus Masse, Holz und Pappe, altes Kleid (61 cm, ab 1912).

	DM 1.400 - 1.600
in 32 cm	**DM 800 - 900**
in 78 cm	**DM 2.400 - 2.600**

140 Brustkopfpuppe: gemarkt *„370 A. M. 2 1/2 DEP made in Germany“*, Biskuitbrustkopf, offener Mund mit 4 Zähnen oben, Kinngrübchen, blaue Schlafaugen, Original-Echthaarperücke, Lederkörper mit Biskuit-Unterarmen, altes Kleid (53 cm, um 1900).

DM 1.200 - 1.400

141

141 Niedliches Charakterbaby: gemarkt *„Germany 985 A. 2 M.“*, Biskuitkurbelkopf, offener Mund, 2 Zähne oben, Wangengrübchen, große, blaue Schlafaugen, Original-Mohairperücke, Babykörper aus Masse, ergänzte Kleidung (35 cm, um 1925).

DM 1.100 - 1.300

142 Ladenburger Spielzeugauktionen

142 Beliebte Babypuppe: gemarkt *„AM 971“*, Biskuitkurbelkopf, offener Mund, 2 Zähne oben, blaue Schlafaugen, Original-Mohairperücke, Babykörper aus Masse, Babypuppenkleidung (24 cm, ab 1913).

DM 1.200

in 48 cm **DM 1.600 - 2.000**

143

143 Babypuppe: gemarkt *„Armand Marseille Germany 990 A. 3 M.“*, Biskuitkurbelkopf, offener Mund, 2 Zähne oben, Kinngrübchen, blaue Schlafaugen, Echthaarperücke, Toddlerkörper aus Holz, Pappe und Masse, ergänzte Kleidung (40 cm, um 1925).

DM 1.400 - 1.600

mit Babykörper **DM 1.000 - 1.200**

mit Babykörper in 54 cm **DM 1.200 - 1.400**

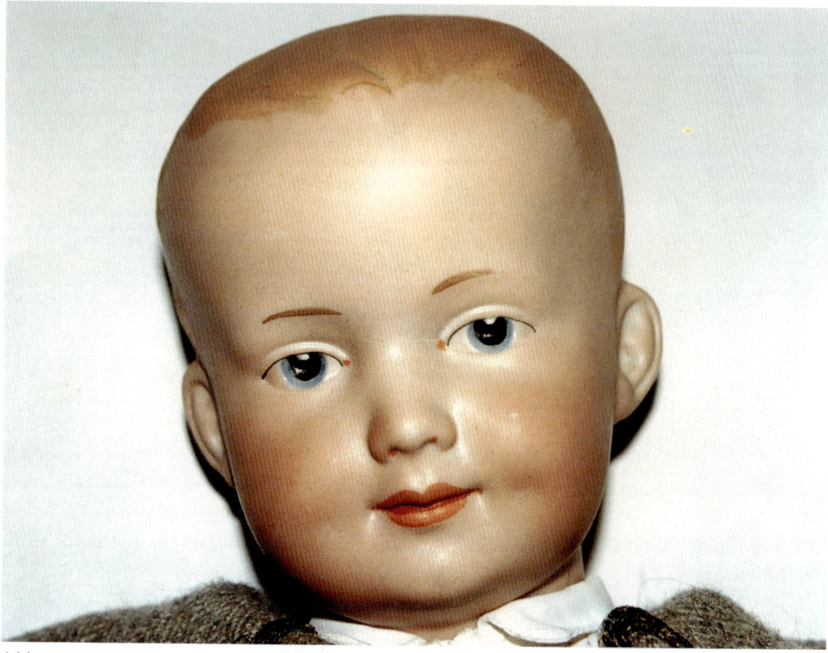

144

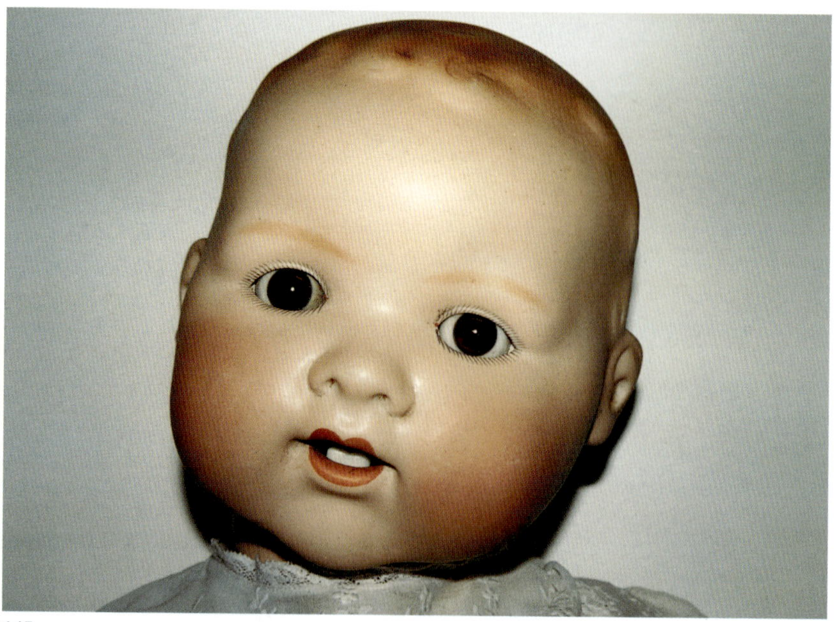

145

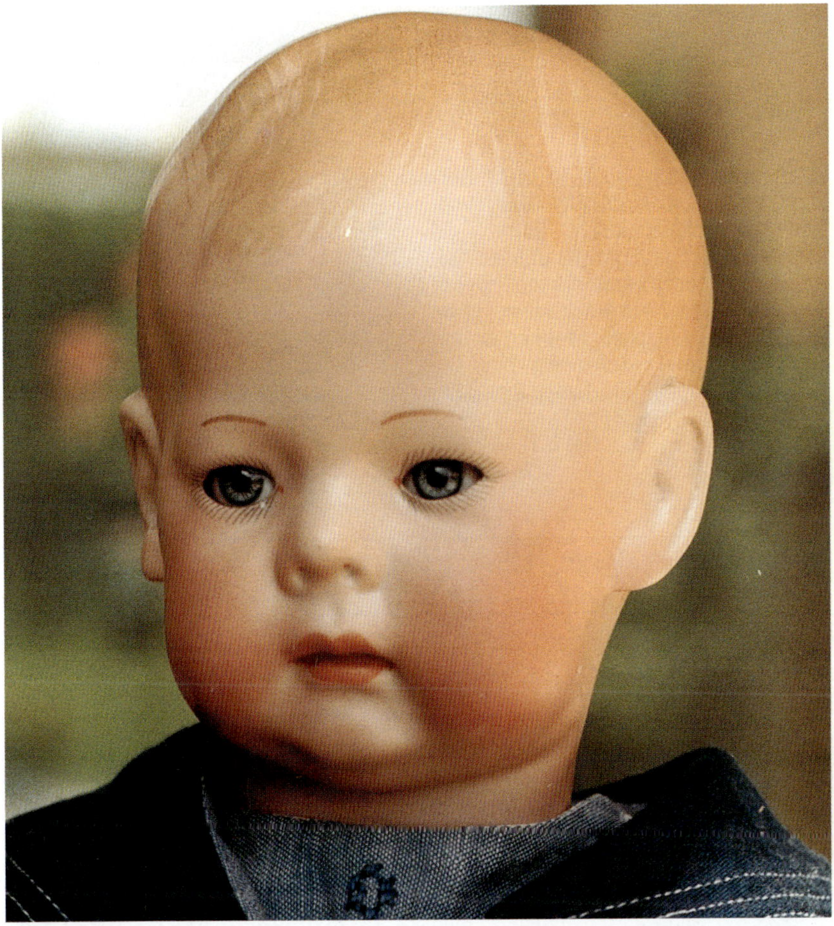

146

144 Jungenpuppe: gemarkt *„500 Germany A 4 M D. R. G. M.“*, Biskuitkurbelkopf, Vollkopf mit bemaltem Haarboden, geschlossener Mund, lächelnder Ausdruck, Wangengrübchen, blaue, gemalte Augen, Augenbrauenbemalung in einem Strich, Gliederkörper aus Holz, Pappe und Masse, altes Mäntelchen (44 cm, um 1910).

DM 2.600 - 3.000

145 My Dream Baby: gemarkt *„AM Germany 351./9. K.“*, Biskuitkurbelkopf, Vollkopf mit modellierten Stirnlöckchen, getönter Haarboden, offener Mund, 2 Zähne unten, braune Schlafaugen, Babykörper aus Masse, altes Taufkleid (54 cm, um 1926).

DM 1.300 - 1.600

in 30 cm **DM 900 - 1.000**

in 48 cm **DM 1.200 - 1.400**

146 Fany: gemarkt *„230 A 5 M“*, Biskuitkurbelkopf, Vollkopf mit Haarbemalung, geschlossener Mund, blaue Schlafaugen, spezieller, knubbeliger Gliederkörper mit festen Handgelenken, alter Matrosenanzug (40 cm, um 1912).

DM 10.000 - 13.000

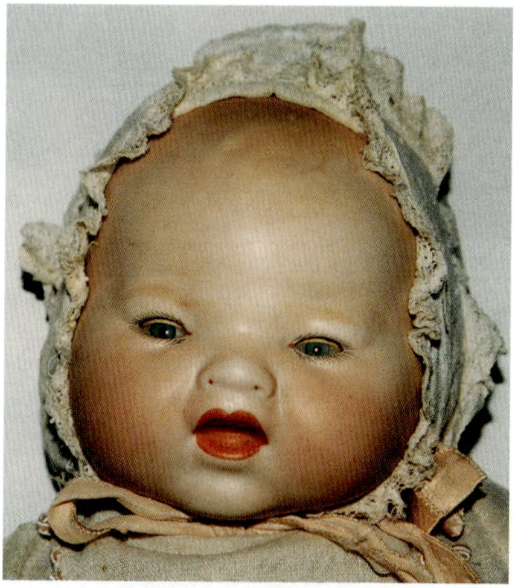

147

147 Charakterbaby: gemarkt *„A. M. Germany 347/3"*, Biskuitringhalskopf, Vollkopf mit angedeuteten Stirn- und Nackenlocken, getönter Haarboden, offen/geschlossener Mund mit modellierter Zunge, weinender Ausdruck, kleine, blaue Schlafaugen, einfacher Stoffkörper mit Unterarmen und -schenkeln aus beschichteter Pappe, alte Babypuppenkleidung (40 cm, um 1926).
DM 2.200 - 2.600

Kindergesicht:

Serien-Nr.	Kopf	Mund	Körper	Größe	hergestellt ab	Abb. in Preisf.	Preis DM
3200	Brustk.	offen	Lederk.	56 cm	1896	93/94	**1.800 - 2.000**
3300	Brustk.	offen	Lederk.	56 cm	1896	95/96	**1.800 - 2.200**
3700	Brustk.	offen	Lederk.	44 cm	1899	93/94	**1.600 - 1.800**
Beauty	Brustk.	offen	Lederk.	60 cm	1898	91/92	**2.000 - 2.400**

Charakter:

Serien Nr.	Kopf	Mund	Körper	Größe	hergestellt ab	Abb. in Preisf.	Preis DM
233	Kurbelk.	offen	Toddlerk.	33 cm	1920	91/92	**2.200 -2.500**
341	Kurbelk.	geschl.	Babyk.	26 cm	1926	89/90	**900 -1.200**
341	Ringhalsk.	geschl.	Stoffk.	35 cm	1926	-	**1.100 -1.300**
341	Ringhalsk.	geschl.	Stoffk.	52 cm	1926	95/96	**1.500 -1.700**
401	Kurbelk.	geschl.	Gliederk.	35 cm	1926	87/88	**4.000 -4.500**
560a	Kurbelk.	offen	Babyk.	35 cm	1926	93/94	**1.800 -2.200**
580	gem. Augen	offen/geschl.	Gliederk.	32 cm	1930	95/96	**3.000 -3.500**
580	Glasaugen	offen/geschl.	Gliederk.	32 cm	1930	-	**4.000 -4.500**
590	Kurbelk.	offen	Gliederk.	54 cm	1926	95/96	**3.000 -3.500**
590	Kurbelk.	offen/geschl.		54 cm	1913	-	**4.500 -5.500**
750	Kurbelk.	offen	Babyk.	35 cm	1913	91/92	**1.200 -1.400**
980	Kurbelk.	offen	Babyk.	35 cm	1920	95/96	**1.200 -1.400**
991	Kurbelk.	offen	Babyk.	50 cm	1930	89/90	**1.200 -1.400**
996	Kurbelk.	offen	Babyk.	52 cm	1930	85/86	**1.100 -1.300**
Baby Gloria	Ringhalsk.	offen	Stoffk.	43 cm	1930	95/96	**1.800 -2.400**

148 Ingrid Altfelder

148 Rarität: gemarkt *„R IX-2/0"*, Biskuitkurbelkopf, geschlossener Mund, feste, blaue Augen, Augenbrauenbemalung in einem Strich, Echthaarperücke, Gliederkörper aus Holz und Masse (34 cm, um 1915).
DM 5.000 - 6.000

149

149 Kleine Puppe: gemarkt *„21 Germany R 13/0 A"*, Biskuitkurbelkopf, offener Mund, 4 Zähne oben, Schlafaugen, Mohairperücke, einfacher, geklammerter Pappleib mit Massearmen und -beinen, gemalte Strümpfe und Schuhe, einfache Originalkleidung, Originalkarton mit Aufkleber *„1/2 Dz. 1401 1/2 Made in Germany"* (20 cm, um 1910).
DM 550 - 650
in durchschn. Erhaltung **DM 300 - 400**

150 Marianne Eussen

150 Seltene Charakterpuppe: gemarkt *„B P (gekreuzte Schwerter) 2080.4“*, Biskuitkurbelkopf, Vollkopf mit brauner Haarbemalung, offener Mund mit 2 Zähnen oben, blaue Schlafaugen, ausgeprägte Wangengrübchen, Babykörper aus Masse, alte Kleidung (40 cm, um 1920).

DM 3.500 - 4.000

151 Charakterjunge: gemarkt *„2048 2“*, Biskuitkurbelkopf, Vollkopf mit brauner Haarbemalung, offener Mund mit 2 Zähnen oben, blaue Schlafaugen, Toddlerkörper aus Holz und Masse, sehr schöner Matrosenanzug - von Baehr & Proeschild für Bruno Schmidt - (34 cm, 1912).

DM 3.000 - 3.500

151 Marianne Eussen

152

152 Rarität: gemarkt *„2033 BSW (im Herz) 537 6"*, Biskuitkurbelkopf, geschlossener Mund mit ausdrucksstarker Modellierung, blaue Schlafaugen, Mohairperücke, Gliederkörper aus Holz und Masse, alte Kleidung - von Baehr & Proeschild für Bruno Schmidt (50 cm, um 1912).

DM 30.000 - 40.000

153 Charakterbaby: gemarkt *„678 10 B P (im Herz)“*, Biskuitkurbelkopf, offener Mund, 2 Zähne oben, blaue Schlafaugen, Original-Mohairperücke, Babykörper aus Masse, altes Taufkleid - Kopf von Baehr & Proeschild für Bruno Schmidt - (48 cm, um 1920).

DM 1.800 - 2.200

154 Charakterpuppe: gemarkt *„BSW (im Herz) 2097-5“*, Biskuitkurbelkopf, offener Mund, 2 Zähne oben, blaue Schlafaugen, Echthaarperücke, Toddlerkörper aus Holz und Masse, sehr schöne Originalkleidung (55 cm, um 1911).

DM 3.200 - 3.500

in durchschn. Erhaltung **DM 2.800 - 3.000**

in 28 cm **DM 1.800 - 2.200**

153

154 Marianne Eussen

Serien-Nr.	Kopf	Mund	Körper	Größe	hergestellt ab	Abb. in Preisf.	Preis DM
692	Kurbelk.	offen	Babyk.	40 cm	1912	95/96	**1.600 - 1.800**
2072	Kurbelk.	offen	Toddlerk.	48 cm	1920	87/88	**2.600 - 3.000**
2094	Kurbelk.	offen	Babyk.	34 cm	1920	95/96	**1.800 - 2.000**
2096	Kurbelk.	offen	Toddlerk.	30 cm	1920	91/92	**2.400 - 2.800**

156

155

155 + 156 Puppe im Originalkarton: gemarkt *„S & C SIMON & HALBIG 30"*, Biskuitkurbelkopf, offener Mund, 4 Zähne oben, blaue Schlafaugen, durchstochene Ohrläppchen, Original-Mohairperücke, Originalkleidung - völlig unbespielt im Originalkarton - (30 cm, um 1900).

DM 1.800 - 2.200

in durchschn. Erhaltung

DM 1.200 - 1.400

157 Charakterbaby: gemarkt *„Made in Germany F. S. & Co. 1255/40 Z Deponiert"*, Biskuitkurbelkopf, Vollkopf mit gestrichelter Haarbemalung, offener Mund mit 2 Porzellanzähnen oben, durchstochene Nasenlöcher, braune Schlafaugen, Babykörper aus Masse, alter Spielanzug (40 cm, um 1912).

DM 2.000 - 2.200

158 Charakterbaby: gemarkt *„FS & Co. 1272/50 Z Deponiert"*, Biskuitkurbelkopf, Vollkopf mit gestrichelter Haarbemalung, offener Mund mit 2 Zähnen oben, Porzellanzunge mit dem Augengestell verbunden, durchstochene Nasenlöcher, braune Schlafaugen, Masse-Babykörper, ergänzte Kleidung (50 cm, um 1910).

DM 2.200 - 2.400

in 35 cm **DM 1.800 - 2.200**

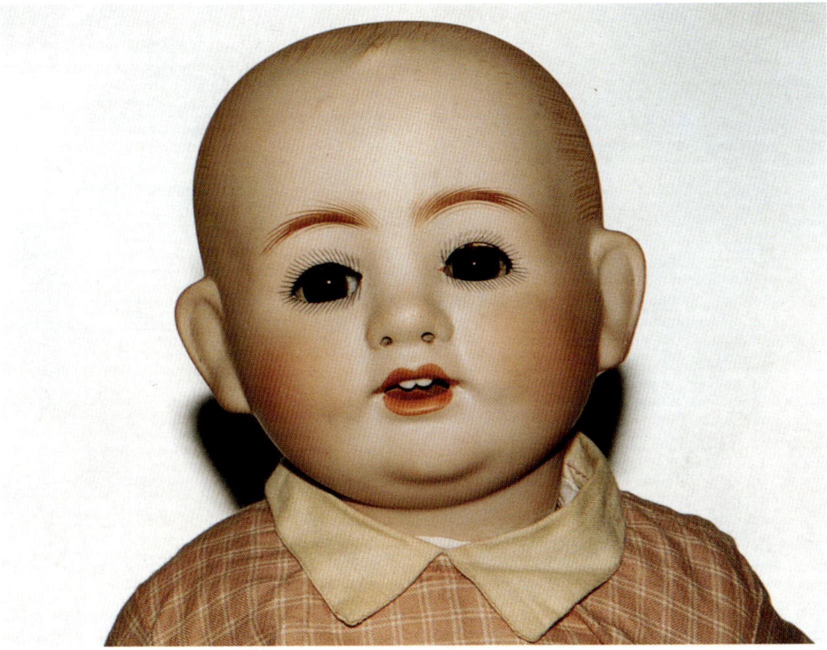

157

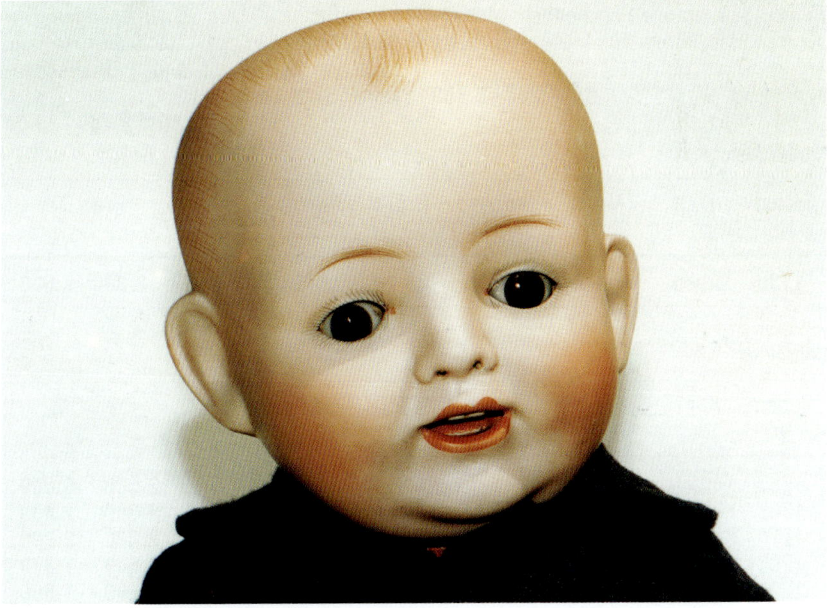

158

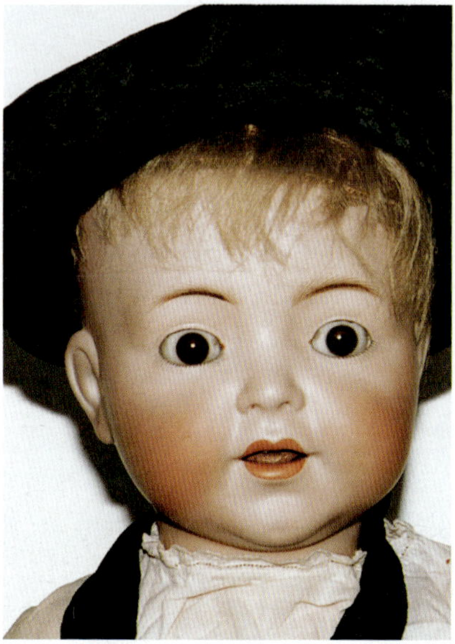

159

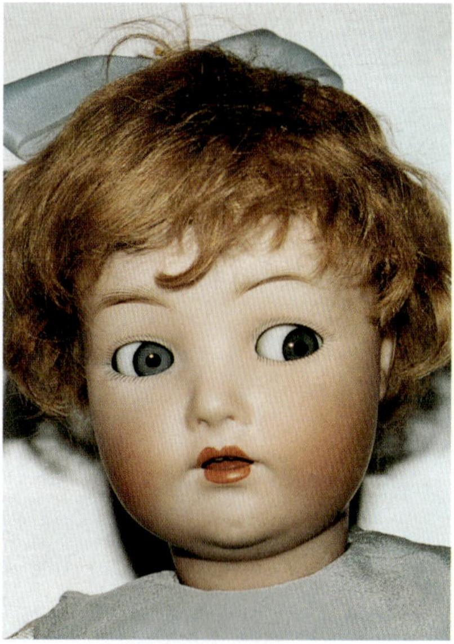

160

159 Babypuppe: gemarkt *„FS & Co. SIMON & HALBIG 1397 Made in Germany 57"*, Biskuitkurbelkopf, offener Mund, 2 Zähne oben, braune Schlafaugen, Mohairperücke, Babykörper aus Masse, ergänzter Anzug (57 cm, um 1915).

DM 2.200 - 2.500

160 Mädchenpuppe: gemarkt *„SIMON & HALBIG 927 -12 Germany"*, Biskuitkurbelkopf, offener Mund mit 4 Zähnen oben, Kinngrübchen, blaue Schelmenaugen, Original-Mohairperücke, Gliederkörper aus Holz und Masse mit langen Unterschenkeln (55 cm, um 1913).

DM 2.400 - 2.600

Kindergesicht:

Serien-Nr.	Kopf	Mund	Körper	Größe	hergestellt ab	Abb. in Preisf.	Preis DM
1180	Brustk.	offen	Lederk.	60 cm	1898	91/92	**2.200 - 2.500**

Charakter:

Serien-Nr.	Kopf	Mund	Körper	Größe	hergestellt ab	Abb. in Preisf.	Preis DM
1263	Kurbelk.	geschl.	Gliederk.	30cm	1912	95/96	**12.000 - 15.000**
1267	Kurbelk.	offen/geschl.	Babyk.	32 cm	1912	91/92	**2.000 - 2.400**
1270	Kurbelk.	offen/geschl.	Babyk.	28 cm	1910	95/96	**2.000 - 2.200**
1295	Kurbelk.	offen	Babyk.	45 cm	1912	91/92	**1.600 - 1.800**
1296	Kurbelk.	offen	Babyk.	0 cm	1912	89/90	**1.600 - 1.800**
1296	Kurbelk.	offen	Toddlerk.	52 cm	1912	93/94	**2.500 - 2.800**

161 Ingrid Altfelder

161 Princess Elizabeth: gemarkt *„Porzellanfabrik Burggrub Princess Elizabeth 5 Made in Germany D. R. G. M"*, Biskuitkurbelkopf, offener Mund mit 4 Zähnen oben, lächelnder Gesichtsausdruck, hellblaue Schlafaugen, Original-Mohairperücke, Stehbabykörper aus Masse, Original-Bekleidung - völlig unbespielter Erhaltungszustand - (52 cm, um 1932).

DM 4.800 - 5.000

in durchschn. Erhaltung **DM 4.000 - 4.500**

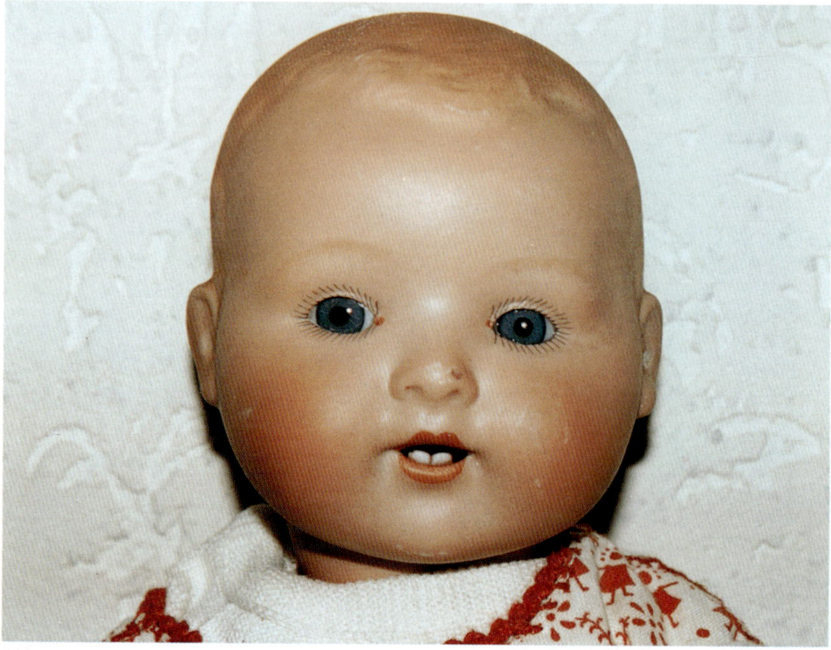

162

163

162 Baby: gemarkt *„247 - 3 1/2 Germany Burggrub“*, Biskuitkurbelkopf, Vollkopf mit getöntem Haarboden, offener Mund, 2 Zähne unten, blaue Schlafaugen, Babykörper aus Masse, ergänzte Kleidung (45 cm, 20er Jahre).

DM 1.000 - 1.200

164 Marianne Eussen

163 Gliederpuppe: gemarkt *„Germany S (PB im Stern) H 1906 9.“*, Biskuitkurbelkopf, offener Mund, 4 Zähne oben, Kinngrübchen, braune Schlafaugen, Echthaarperücke, schwerer Gliederkörper aus Holz und Masse, ergänztes Kleid (60 cm, um 1906).

DM 1.800 - 2.200

164 Mädchenpuppe: gemarkt *„Germany S (PB im Stern) H 914 10“*, Biskuitkurbelkopf, offener Mund, 4 Zähne oben, blaue Schlafaugen, braune Echthaarperücke, Gliederkörper aus Holz, Masse und Pappe, alte Kleidung (70 cm, um 1925).

DM 2.200 - 2.500

165 Niedliches Charakterbaby: gemarkt *„S (PB im Stern) H 5/0“*, Biskuitkurbelkopf, offener Mund, 2 Zähne oben, braune Schlafaugen, Mohairperücke, Babykörper aus Masse, altes Kleidchen (27 cm, um 1920).

DM 1.200 - 1.400

in 45 cm **DM 2.200 - 2.400**

165

Serien-Nr.	Kopf	Mund	Körper	Größe	hergestellt ab	Abb. in Preisf.	Preis DM
1909	Kurbelk.	offen	Gliederk.	55 cm	1909	85/86	**1.600 - 2.000**
2500	Brustk.	offen	Lederk.	52 cm	1905	91/92	**1.400 - 1.600**
4000	Kurbelk.	offen	Gliederk.	68 cm	1905	95/96	**2.800 - 3.200**
4500	Kurbel.	offen	Gliederk.	58 cm	1905	95/96	**2.200 - 2.400**

166

166 Charakterpuppe: gemarkt *„302 SQ (verschlungen)“*, Biskuitkurbelkopf, offener Mund mit 2 Zähnen oben, braune Schlafaugen, Toddlerkörper aus Holz und Masse, Anzug (50 cm, um 1920).

DM 2.200 - 2.500

mit Babykörper **DM 1.400 - 1.600**

167

167 Seltene Mädchenpuppe: gemarkt *„SH 7 919“*, heller Biskuitkurbelkopf mit hochgezogener Kopfkrone, aufgesetzte, durchstochene Ohren, offener Mund mit 2 Zähnen oben und 1 Zahn unten, feste, blaue Augen mit Strahleniris, Stupsnase, Gliederkörper aus Holz und Masse mit festen Handgelenken, Mohairperücke, komplett alt bekleidet - bisher unbekannt mit offenem Mund - (33 cm, ab 1888).

DM 4.000 - 4.200

168 Aparte Puppe: gemarkt *„S 7 H 950"*, Biskuitbrustkopf, leicht seitlich geneigt, geschlossener Mund, zweifarbig bemalt, blaue Schlafaugen mit Strahleniris, durchstochene Ohrläppchen, originale Ohrringe, Original-Echthaarperücke, Stoffkörper mit Unterarmen aus Biskuitporzellan, Original-Trachtenkleidung (50 cm, ab 1888).

DM 4.500 - 5.000

Auktionspreis: **DM 2.900**

169 Mädchenpuppe: gemarkt *„S & H 1009 Dep. St. Germany"*, Biskuitkurbelkopf, offener Mund mit 4 Zähnen oben, Kinngrübchen, dunkelbraune, fast schwarze Schlafaugen, Original-Mohairperücke, Gliederkörper aus Holz und Masse, sehr schönes, altes Kleid (60 cm, ab 1889).

DM 2.600 - 3.000

168 Auktionshaus Kohler, Winterthur

169 Marianne Eussen

170

170 Gliederpuppe: gemarkt *„S. H. 1079 6 DEP Germany“*, Biskuitkurbelkopf, offener Mund, 4 Zähne oben, blaue Schlafaugen, durchstochene Ohrläppchen, alte Mohairperücke, Gliederkörper aus Holz und Masse, altes Kleidchen (40 cm, ab 1892).

DM 1.400 - 1.600

171

171 Brustkopfpuppe: gemarkt *„S. H. 1079 DEP 7“* sowie roter Stempel *„Wimpern gesetzl. geschützt“*, Biskuitkurbelkopf auf Biskuitbrustplatte, vorne gemarkt *„S 1041 H“*, offener Mund mit zweifarbiger Bemalung, 4 Zähne oben, Kinngrübchen, durchstochene Ohrläppchen, veilchenblaue Schlafaugen, Wimpern nur unten gemalt, Fadenwimpern, Original-Mohairperücke, Lederkörper mit fein ausgearbeiteten Biskuit-Unterarmen, altes Kleid (48 cm, ab 1892).

DM 2.200 - 2.600

172

172 Seltene Damenpuppe: gemarkt *„1307“*, Biskuitkurbelkopf, schmales Gesicht mit spitzer Nase, geschlossener Mund, braune Schlafaugen, handgeknüpfte Echthaarperücke, schlanker Gliederkörper aus Holz und Masse, sehr schöne, alte Kleidung (50 cm, um 1902).

DM 25.000 - 28.000

173 Rarität: gemarkt *„6 1303 DEP S & H“* sowie roter Stempel *„Wimpern gesetzl. geschützt“*, Biskuitkurbelkopf, geschlossener Mund, feste, braune Augen, durchstochene Ohrläppchen, Mohairperücke, Gliederkörper aus Holz und Masse, ergänzte Kleidung (37 cm, um 1912).

DM 9.500

173 Auktionshaus Sotheby's, London

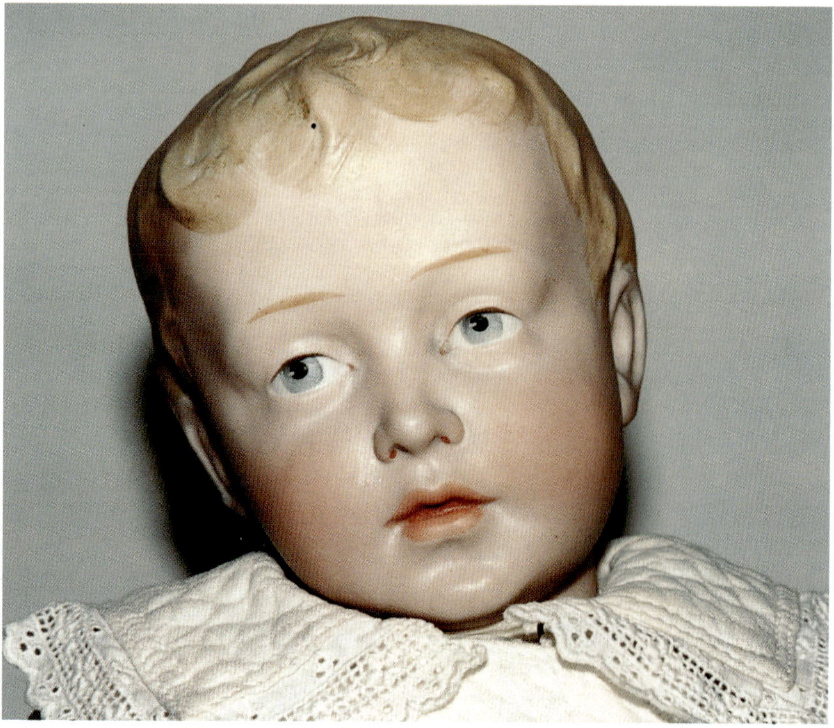

174

175 Auktionshaus Kohler, Winterthur

174 Rare Jungenpuppe: gemarkt *„153 S & H 7"*, feiner Biskuitkurbelkopf, Vollkopf mit modellierter Frisur, geschlossener Mund, blaue, gemalte Augen, Gliederkörper aus Holz und Masse, alte Kleidung (43 cm, um 1912).

DM 40.000 - 50.000

175 Seltene Charakterpuppe: gemarkt *„S & H 1448 7"*, Biskuitkurbelkopf, geschlossener Mund, braune Schlafaugen, durchstochene Ohrläppchen, Original-Echthaarperücke, Gliederkörper aus Holz und Masse mit rotem Stempel *„Heinrich Handwerck"*, altes Batistkleid, Unterwäsche, Strümpfe und Schuhe (45 cm, um 1914).

DM 50.000

176 Auktionshaus Sotheby's, London

176 Rare Charakterpuppe: ungemarkt, Biskuitkurbelkopf, offen/geschlossener Mund, modellierte Zähne, feste, braune Augen, modellierter, schwarzer Schnurrbart, modellierte Augenbrauen, Mohairperücke, Gliederkörper aus Holz und Masse, Filzanzug (33 cm, um 1910).

DM 18.500

177

177 Damenhafte Puppe: genannt *„Little Women"*, gemarkt *„S & H 1160-1"*, Biskuitbrustkopf, geschlossener Mund, blaue, feste Augen, alte Mohairperücke, Stoffkörper, alte Tracht (30 cm, ab 1894).
DM 1.800 - 2.200

Kindergesicht:

Serien-Nr.	Kopf	Mund	Körper	Größe	hergestellt ab	Abb. in Preisf.	Preis DM
540	Kurbelk.	offen	Gliederk.	58 cm	1910	91/92	**2.200 - 2.500**
550	Kurbelk.	offen	Gliederk.	56 cm	1910	91/92	**2.200 - 2.500**
570	Kurbelk.	offen	Gliederk.	54 cm	1910	95/96	**2.200 - 2.400**
739	Kurbelk.	geschl.	Gliederk.	38 cm	1888	91/92	**6.500 - 7.000**
750	Brustk.	geschl.	Lederk.	51 cm	1888	95/96	**4.500 - 5.000**
920	Brustk.	geschl.	Lederk.	41 cm	1888	89/90	**4.000 - 4.500**
939	Kurbelk.	geschl.	Gliederk.	42 cm	1888	93/94	**6.500 - 7.000**
949	Kurbelk.	geschl.	Gliederk.	40 cm	1888	95/96	**6.500 - 7.000**
979	Kurbelk.	offen	Gliederk.	39 cm	1887	87/88	**2.200 - 2.500**
1010	Brustk.	offen	Lederk.	57 cm	1889	95/96	**2.500 - 2.800**
1040	Brustk.	offen	Lederk.	60 cm	1891	91/92	**2.600 - 3.000**
1159	Kurbelk.	offen	Gliederk.	60 cm	1900	95/96	**4.500 - 5.000**
1248	Kurbelk.	offen	Gliederk.	80 cm	1898	93/94	**4.500 - 5.000**
1250	Brustk.	offen	Lederk.	50 cm	1898	93/94	**1.800 - 2.200**
1260	Brustk.	offen	Lederk.	40 cm	1899	95/96	**1.800 - 2.200**
1269	Kurbelk.	offen	Gliederk.	73 cm	1899	93/94	**3.200 - 3.600**

Charakter:

Serien-Nr.	Kopf	Mund	Körper	Größe	hergestellt ab	Abb. in Preisf.	Preis DM
170	Ringhalsk.	geschl.	Stoffk.	37 cm	1911	87/88	**2.800 - 3.200**
600	Kurbelk.	offen	Gliederk.	41 cm	1912	93/94	**2.600 - 3.000**
616	Kurbelk.	offen	Babyk.	46 cm	1915	91/92	**2.200 - 2.500**
1294	Kurbelk.	offen	Babyk.	47 cm	1912	95/96	**1.800 - 2.000**
1299	Kurbelk.	offen	Toddlerk.	60 cm	1912	93/94	**7.500 - 8.500**
1428	Kurbelk.	offen/geschl.	Babyk.	30 cm	1914	-	**3.800 - 4.200**
1428	Kurbelk.	offen/geschl.	Babyk.	35 cm	1914	95/96	**4.500 - 5.000**
1488	Kurbelk.	offen/geschl.	Toddlerk.	60 cm	1920	95/96	**13.000 - 15.000**
1489	Kurbelk.	offen	Babyk.	38 cm	1925	93/94	**5.000 - 6.000**
1498	Kurbelk.	offen/geschl.	Toddlerk.	56 cm	1920	95/96	**12.000 - 14.000**

178 Marianne Eussen

178 Babypuppe: gemarkt *„3.HS Germany“*, Biskuitringhalskopf, Vollkopf mit getöntem Haarboden, geschlossener Mund, blaue Schlafaugen, Stoffkörper mit Massehänden, alte Babypuppenkleidung (40 cm, um 1920).

DM 1.200 - 1.400

179 Charakterpuppe: gemarkt *„BP 4"* und grüner Stempel *„GES. GESCHÜTZT S & C GERMANY"*, Biskuitkurbelkopf, lächelnder, offen/geschlossener Mund mit modellierten Zähnen, gemalte, blaue Augen, Mohairperücke, Gliederkörper aus Holz und Masse (37 cm, um 1910).

DM 5.700

179 Auktionshaus Sotheby's, London

180 Charakterbaby: gemarkt *„D. I. 6"* und grüner Stempel: *„GES. GESCHÜTZT S & C GERMANY"*, Biskuitkurbelkopf mit Biskuitöse an der Kopfkurbel, Vollkopf mit getöntem Haarboden, geschlossener Mund, blaue, gemalte Augen mit vertieft liegender Iris, feine Brauenbemalung, seltener Babykörper mit drehbaren Händen und Füßen, Spielanzug aus Baumwolle (42 cm, um 1910).

DM 3.600 - 4.000

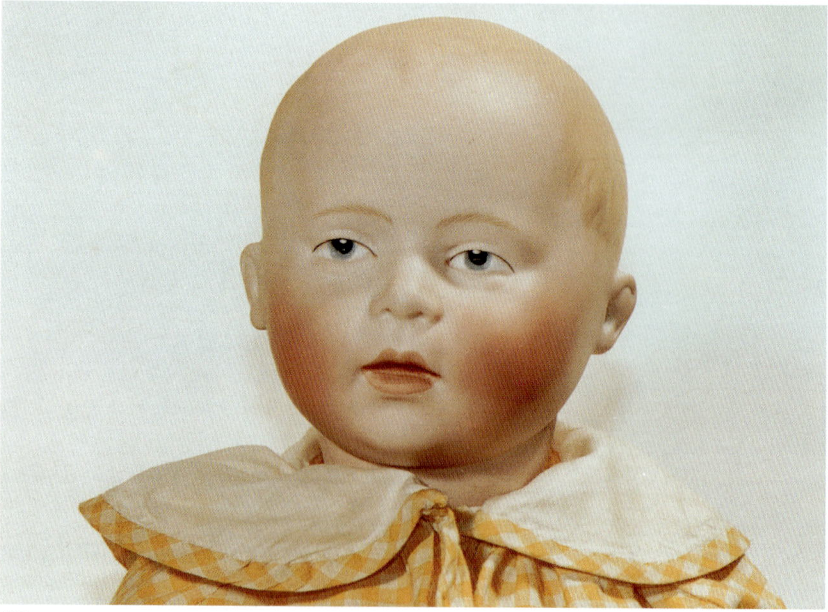

180

181

181 Charakterbaby: gemarkt *„152 LW & Co. 10"*, Biskuitkurbelkopf, offener Mund mit angedeuteter Zunge und 4 Zähnen oben, hellblaue Schlafaugen, Original-Mohairperücke, seltener Babykörper mit stämmigen Gliederarmen, alte Kleidung - von Hertel, Schwab & Co. für L. Wolf - (42 cm, um 1912).

DM 2.200 - 2.500

182 Marianne Eussen

182 Brustkopfpuppe: gemarkt *„LW & C."*, Biskuitbrustkopf, offener Mund mit 4 Zähnen oben, blaue Schlafaugen, Echthaarperücke, Lederkörper mit Biskuit-Unterarmen, altes Kleid und Strohhut (50 cm, um 1900).

DM 1.600 - 1.800

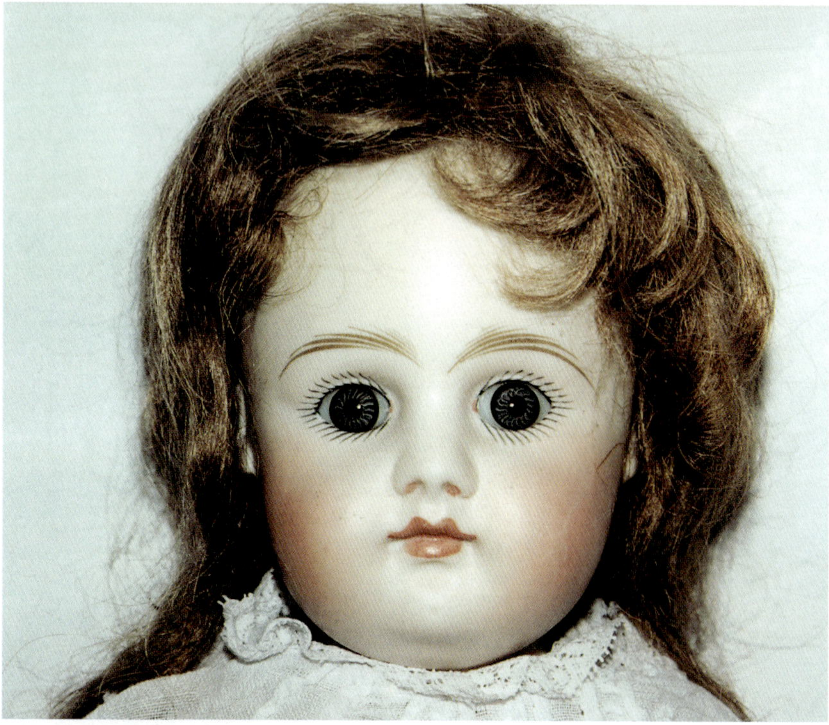

183

184

183 Brustkopfpuppe: gemarkt *„6“*, Biskuitbrustkopf, geschlossener Mund, Kinngrübchen, blaue Augen mit Strahleniris, Mohairperücke, Lederkörper mit Zwickeln und Biskuit-Unterarmen, altes Kleid (40 cm, um 1890).

DM 2.800 - 3.000

184 Gliederpuppe: gemarkt *„10“*, heller Biskuitkurbelkopf, geschlossener Mund, blaue Schlafaugen, Mohairperücke, früher Gliederkörper mit festen Handgelenken, ergänzte Kleidung (40 cm, um 1885)

DM 5.000 - 6.000

185

185 Beliebte Puppe: gemarkt *„18 103"*, Biskuitkurbelkopf, geschlossener Mund mit zweifarbiger Bemalung, perfekte Brauenbemalung, braune Schlafaugen, braune Echthaarperücke, schwerer Gliederkörper mit festen Handgelenken (80 cm, um 1885).

DM 12.000 - 14.000

186

186 Brustkopfpuppe: ungemarkt, heller Biskuitbrustkopf, seitlich geneigt, geschlossener Mund, braune Augen mit Strahleniris, Mohairperücke, Lederkörper mit Zwickeln und Biskuit-Unterarmen, schöne Bekleidung in alten Stil (45 cm, um 1885).

DM 3.200 - 3.500

187 Ursula M. Dieterich

188 Ursula M. Dieterich

187 Rarität: ausdrucksvolle Gliederpuppe, ungemarkt, heller Biskuitkurbelkopf deutscher Herstellung, ernster Gesichtsausdruck, geschlossener, hell bemalter Mund mit dunkleren Konturen und Aussparung in der Mitte, große, blaue Paperweight-Augen, detailliert geformte, durchstochene Ohren, Mohairperücke, Gliederkörper aus Holz und Masse mit festen Handgelenken, altes Kleid (58 cm, um 1890).

DM 12.000 - 14.000

188 Gliederpuppe: ungemarkt, heller Biskuitkurbelkopf (deutsche Herstellung für den franz. Markt), geschlossener Mund mit zweifarbiger Bemalung und heller Aussparung, große, mandelförmige Paperweight-Augen, Lidschatten, durchstochene Ohrläppchen, Echthaarperücke, Gliederkörper mit losen Kugeln, blau gestempelt *„Jumeau Medaille d' Or“* - große Ähnlichkeit mit einer Premiere- oder Portrait-Jumeau - (42 cm, um 1880).

DM 6.500 - 7.800

189 Ursula M. Dieterich

189 Aparte Puppe: ungemarkt, heller Biskuitkurbelkopf, deutsche Herstellung, Vollkopf (sog. Belton-Typ), rundliche Gesichtsform, geschlossener, hell bemalter Mund mit dunklen Konturlinien und heller Aussparung in der Mitte, feine Brauenbemalung, blaue Paperweight-Augen, Gliederkörper aus Holz und Masse deutscher Herstellung mit festen Handgelenken, aufwendige Bekleidung (68 cm, um 1885).

DM 8.500 - 10.000

190

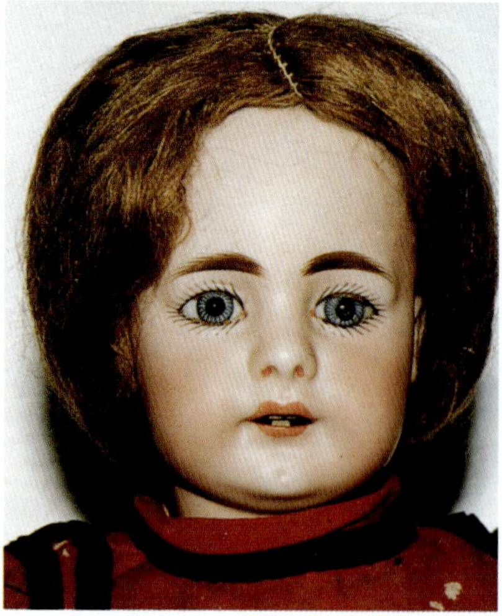

191

190 Püppchen im Original-Koffer: gemarkt *„15"*, Biskuitkurbelkopf, offener Mund mit 4 Zähnen oben, braune Schlafaugen, blonde Mohairperücke, einfacher, fünfteiliger Körper mit geraden Armen und Beinen, komplett original bekleidet inklusive Schuhen, reichhaltiges Zubehör (31 cm, um 1910).

DM 2.500 - 2.800

191 Lederbalgpuppe: gemarkt auf Kopf und Brustplatte *„51/8"*, Biskuitkurbelkopf auf Biskuitbrustplatte, offener Mund mit 2 Zähnen oben und 1 Zahn unten, blaue Paperweight-Augen, Kinngrübchen, Lederkörper mit Biskuit-Unterarmen, altes Kleid (50 cm, um 1890).

DM 2.500 - 2.800

192 Gliederpuppe: gemarkt *„10"*, Biskuitkurbelkopf, offener Mund mit 4 Zähnen oben, blaue Schlafaugen, ergänzte Mohairperücke, schwerer Gliederkörper aus Holz und Masse (54 cm, um 1890).
DM 1.800 - 2.200

193 Zwillingsbräute: gemarkt *„CC 2/0"*, Biskuitkurbelköpfe, beide mit offenem Mund, Zahnreihe, Kinngrübchen, blaue Paperweight-Augen, neue Perücken, Masse-Stehkörper mit geraden Armen und Beinen, Originalbekleidung: Brautkleider mit Schleier bzw. Myrthenkranz, Unterkleider (38 cm, um 1900).
zusammen **DM 2.600**

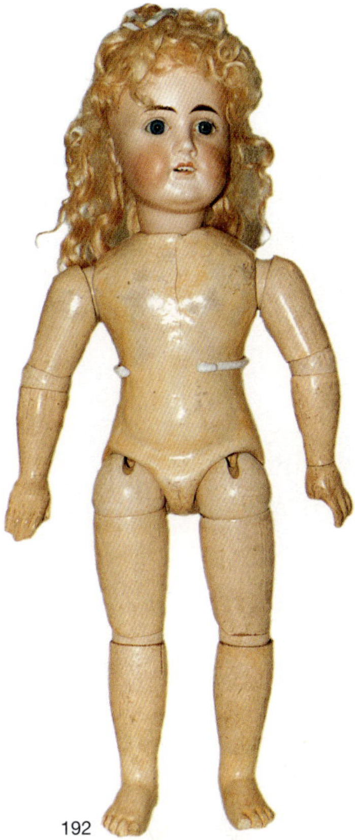

192

193 Auktionshaus Kohler, Winterthur

194 Marianne Eussen

194 Mädchenpuppe: gemarkt *„L. H. K."*, Biskuitkurbelkopf, offener Mund mit 2 Zähnen oben, Kinngrübchen, blaue Schlafaugen, Echthaarperücke, blau/weiß gestreiftes Kleid (62 cm, um 1900).

DM 1.800 - 2.200

195 Ingrid Altfelder

195 Charakterbaby: gemarkt *„199 2/0"*, Biskuitkurbelkopf, offener Mund, blaue Schlafaugen, Mohairperücke, Babykörper aus Masse (29 cm, um 1915).

DM 1.200 - 1.400

196

197

196 Simon & Halbig: heller Biskuitbrustkopf, gemarkt *„S 5 H“*, modellierte Frisur mit Haarband, geschlossener Mund mit dunkler Mittellinie, blaue, feste Augen, taillierter Lederkörper mit Biskuit-Unterarmen, altes Kleid (41 cm, um 1880).

DM 2.500 - 2.800

197 Große Puppe: ungemarkt, weißer Biskuitbrustkopf, modellierte, blonde Frisur mit schwarzem Haarband, kleiner, geschlossener Mund, blaue, gemalte Augen mit rotem Lidstrich, Stoffkörper mit Lederarmen, altes Kleid (60 cm, um 1880).

DM 2.500 - 2.800

198 Ladenburger Spielzeugauktionen

198 Damenhafte Puppe: ungemarkt, Biskuitbrustkopf, modellierte Frisur mit Spange, geschlossener Mund, blaue Glasaugen, Stoffkörper (23 cm, um 1880).

DM 1.200

199 Auktionshaus Sotheby's, London

199 Seltene Puppe: ungemarkt, weißer Biskuitbrustkopf, detailliert modellierte Frisur, kleiner, geschlossener Mund, blaue, feste Glasaugen, durchstochene Ohrläppchen, modellierte Spitze und Perlen auf der Brustplatte, gemalte Bluse, Stoffkörper mit Biskuit-Unterarmen (43 cm, um 1850).

DM 2.500

199 Auktionshaus Sotheby's, London

200 Puppe mit blauem Schal: ungemarkt, Biskuitbrustkopf, modellierte, blonde Haare, blauer, modellierter Schal, kleiner, geschlossener Mund mit dunkler Mittellinie, blaue, feste Augen, Stoffkörper mit Biskuit-Unterarmen (46 cm, um 1890).

DM 4.800

201

201 Alt, Beck & Gottschalck: gemarkt *„1056 # 6“*, Biskuitbrustkopf, stark modellierte, blonde Lockenfrisur, kleiner, geschlossener Mund, Kinngrübchen, blaue, gemalte Augen mit rotem Lidstrich, Lederkörper mit Biskuit-Unterarmen, Anzug (46 cm, um 1890).

DM 1.800 - 2.200

202 Auktionshaus Kohler, Winterthur

202 Zwei Puppen, links: gemarkt *„GS 2“*, Biskuitbrustkopf, modellierte, blonde Frisur, offener Mund mit Zahnreihe, Glasaugen, Lederkörper mit Biskuit-Unterarmen (37 cm, um 1890).

DM 1.300 - 1.750

rechts: *„189 L (Glockenzeichen)“*, Biskuitbrustkopf, modellierte, blonde Frisur mit Mittelscheitel, geschlossener Mund, blaue, gemalte Augen mit schwarzen und roten Lidlinien, Stoffkörper mit Holz-Unterarmen, Spitzenkleid - Firma Kling - (32 cm, um 1885).

DM 760

203

204

203 + 204 Puppe: ungemarkt, glasierter Porzellanbrustkopf, modellierte, schwarze Frisur mit Mittelscheitel, kleiner, geschlossener Mund, blaue, gemalte Augen mit rotem Lidstrich, Lederkörper, weißes Kleid (70 cm, um 1860).

DM 2.400 - 2.800

205 Auktionshaus Kohler, Winterthur

205 Porträt-Puppe: ungemarkt, Jenny Lind-Typ, glasierter Porzellanbrustkopf mit tiefer Brustpartie, modellierte, schwarze Haare mit Mittelscheitel und Nackenknoten, geschlossener Mund mit dunkler Linie in der Mitte, blaue, gemalte Augen mit rotem Lidstrich, Stoffkörper (77 cm, um 1860).

DM 1.750

206 Ladenburger Spielzeugauktionen

207 Auktionshaus Sotheby's, London

206 Brustkopfpuppe: ungemarkt, glasierter Porzellanbrustkopf, modellierte, schwarze Frisur, kleiner, geschlossener Mund, blaue, gemalte Augen, früher Lederkörper mit glasierten Porzellan-Unterarmen, alte Schuhe und Strümpfe (51 cm, um 1880).

DM 1.550

207 Ungewöhnliche Puppe: gemarkt *„PAR BREVET"*, glasierter Porzellanbrustkopf, kleiner, geschlossener Mund mit zweifarbiger Bemalung, blaue, gemalte Augen, Mittelscheitelfrisur, Lederkörper, Lederarme mit abgenähten Fingern, Seidenkleid (45 cm, um 1860).

DM 4.500

208

208 Brustkopfpuppe: ungemarkt, glasierter Porzellanbrustkopf, Vollkopf, Mohairperücke, geschlossener Mund mit dunkler Mittellinie, blaue, gemalte Augen mit rotem Lidstrich, durchstochene Ohrläppchen, steifer Lederkörper mit Lederarmen, altes Kleid (52 cm, um 1860).

DM 2.500 - 2.800

209 Auktionshaus Kohler, Winterthur

209 Brustkopfpuppe: ungemarkt, glasierter Porzellanbrustkopf, Vollkopf, braunes Echthaar, geschlossener Mund mit dunkler Mittellinie, blaue, gemalte Augen mit rotem Lidstrich, detailliert geformte Ohren, Echthaarperücke, schlanker Lederkörper mit abgenähten Fingern, 4 Originalkleider (72 cm, um 1850).

DM 3.950

210

210 Blonde Puppe: ungemarkt, glasierter Porzellanbrustkopf, modellierte, blonde Frisur mit Haarband, geschlossener Mund, blaue, gemalte Augen mit rotem Lidstrich, schlanker Lederkörper mit Lederarmen, alte Kleidung (52 cm, um 1860).

DM 2.300 - 2.500

211 Ursula M. Dieterich

211 Bru: gemarkt *„Bru Jne 8"*, Kurbelkopf aus gepreßtem, hellem Porzellan, tief modellierter, geschlossener Mund mit blasser Bemalung und Konturlinien, feste, braune Paperweight-Augen, Lidschatten, feine Brauenbemalung, durchstochene Ohrläppchen, seltener Bru-Holzkörper mit 12 Scharniergelenken (auch am Knöchel), alte Kleidung (48 cm, um 1880).

DM 35.000 - 40.000

212 Bru: gemarkt *„Bru Jne 11"*, Kurbelkopf aus gepreßtem Porzellan, heller, fast weißer Teint, tief modellierter, geschlossener Mund, zart bemalt mit Konturlinien, feine Brauenbemalung, Lidschatten, langgezogener Wimpernkranz, blaue Paperweight-Augen, durchstochene Ohren, Brustplatte mit leicht modelliertem Busen, Ziegenlederkörper mit Bru-Etikette *„tout Contrefacteur sera saisi et poursuivi conformement á la loi"*, Unterarme aus Biskuitporzellan, Unterschenkel aus Holz, Original-Perücke, Original-Kleid und -Stiefel (68 cm, um 1885).

DM 45.000 - 50.000

212 Ursula M. Dieterich

213 Ursula M. Dieterich

213 Gliederpuppe: gemarkt mit rotem Stempel *„Paris Bébé Déposé 10"*, Biskuitkurbelkopf aus feinporigem Porzellan, blasser, fast weißer Teint, geschlossener Mund, zartrosa bemalt mit leichtem Lippenspalt, braune Paperweight-Augen, längliche Nase, Echthaarperücke, Gliederkörper aus Holz und Masse, gestempelt mit Eiffelturm und *„Paris-Bébé Déposé"*, alte Kleidung, - genannt *„das jüdische Mädchen"* - (58 cm, um 1890).

DM 14.000 - 16.000

214 Mädchenpuppe: gemarkt *„FG 7 (in Kartusche)"*, Biskuitkurbelkopf aus blassem Porzellan, lieblicher Gesichtsausdruck, perfekte Bemalung, geschlossener, heller Mund mit Lippendetails, langer Wimpernkranz, feste, blaue Paperweight-Augen, durchstochene Ohren, Mohairperücke, Gliederkörper aus Holz und Masse (48 cm, um 1890).

DM 7.800 - 9.000

Anmerkung: Da Gaultier keine Körper hergestellt hat, sind die Köpfe auf Körpern verschiedener Marken zu finden.

214 Ursula M. Dieterich

215 Ursula M. Dieterich

216 Ursula M. Dieterich

217 Ursula M. Dieterich

215 + 216 + 217 Gliederpuppe: gemarkt *„FG 9 (in Kartusche)"*, Biskuitkurbelkopf aus feinporigem, zartrosa getöntem Porzellan, große, braune Paperweight-Augen, offener Mund mit Zähnchenreihen oben und unten, zweifarbig bemalt, Kinngrübchen, Original-Echthaarperücke, gesuchter Trikotkörper, gestempelt *„Bébé E. Gesland Bte. SGDG 5 Rue Béranger - Paris"*, Massebrustplatte, im Inneren des Körpers Metallgerüst, wodurch derselbe voll gelenkig ist, unter dem Trikotüberzug Füllmaterial, Unterarme und -schenkel aus Holz und Masse (65 cm, um 1888).

DM 6.500 - 7.500

218 Ursula M. Dieterich

218 Rarität: seltene Modellierung einer frühen Puppe von E. Jumeau, gemarkt *„11“* (und Punkt), ungewöhnlicher Ausdruck, ähnlich einer E. J. A., sehr feiner, gepreßter Biskuitkurbelkopf, flaches Gesicht mit voller Wangenpartie, geschlossener Mund in heller Bemalung, blaue, feste Augen mit Strahleniris, violett-rosaroter Lidschatten, aufgesetzte Ohren, Original-Mohairperücke, stämmiger Gliederkörper mit 8 losen Gelenkkugeln, blau gestempelt *„Jumeau Medaille d'Or“*, schöne, alte Bekleidung (62 cm, um 1878).

DM 45.000

219 Ursula M. Dieterich

219 Long-Face-Jumeau (oder Jumeau-Triste): gemarkt *„12"* (und Punkt), optimal in Qualität und Ausdruck, Kurbelkopf aus gepreßtem Porzellan, blasser Teint, geschlossener Mund mit Lippenspalt und Konturlinien, braune Paperweight-Augen, Lidschatten, anatomisch modellierte, aufgesetzte Ohren, zarte Brauenbemalung, Gliederkörper mit festen Handgelenken, blau gestempelt *„Jumeau Medaille d'Or"* (68 cm, um 1880).

DM 40.000 - 45.000

Anmerkung: Der Preis einer Long-Face-Jumeau richtet sich nach Qualität und Ausdruck, allgemein gilt: Je später die Fertigung, desto schlechter die Qualität und umso niedriger der Preis.

220 Ursula M. Dieterich

220 Gliederpuppe: gemarkt *„9"*, rot gestempelt *„Tête Jumeau"*, Biskuitkurbelkopf aus qualitätsvollem, hellem Porzellan, dunkle Brauenbemalung, offener Mund mit zweifarbiger Bemalung und Zahnreihe oben, große, blaue Paperweight-Augen, Gliederkörper aus Holz und Masse, völlig unbespielt im Original-Karton (52 cm, um 1890/92).

DM 6.500 - 7.000

221 Ursula M. Dieterich

221 Frühe Puppe: ungemarkt, heller Kurbelkopf aus gepreßtem Biskuit, zartrosa Wangenbemalung, tief modellierter, geschlossener Mund mit Lippenspalt, rosa Lidschatten, blaue, feste Glasaugen mit Strahleniris, aufgesetzte, durchstochene Ohren, Körper aus Holz und Masse mit 8 losen Kugeln, blau gestempelt: *„Jumeau Medaille d'Or"*, Originalkarton und Kleidung (48 cm, um 1878).

DM 23.000 - 25.000

222 Ursula M. Dieterich

222 Bébé Jumeau: gemarkt *„8“*, Biskuitkurbelkopf mit blassem Teint, offener Mund mit Zahnreihe oben, zartrosa Mundbemalung mit Konturlinien, blaue Paperweight-Augen, Jumeau-Gliederkörper aus Holz und Masse (48 cm, um 1888/90).

DM 5.200 - 6.000

223 Bébé Jumeau: gemarkt mit rotem Stempel *„Déposé Tête Jumeau Bte. SGDG“*, rote und schwarze Qualitätskontrollzeichen, heller Biskuitkurbelkopf, geschlossener Mund mit leichtem Lippenspalt, hellrosa Wangen- und Mundbemalung, alte Perücke, Gliederkörper aus Holz und Masse, blau gestempelt *„Jumeau Medaille d'Or“*, alte Kleidung (58 cm, um 1885).

DM 8.500 - 10.000

223 Ursula M. Dieterich

224 Bébé Louvre: gemarkt *„B. L."* (Spezialanfertigung von Jumeau für das Kaufhaus „Magasins du Louvre"), Biskuitkurbelkopf, pausbackige Gesichtsmodellierung, heller Teint, geschlossener Mund, zweifarbig bemalt, blaue Paperweight-Augen, Echthaarperücke, sehr aufwendige, alte Kleidung (62 cm, um 1885).
DM 11.000 - 13.000

225 Gliederpuppe: eingraviert gemarkt *„E. J. 10 Déposé"*, Kurbelkopf aus gepreßtem Biskuitporzellan, äußerst blasser Teint, geschlossener, tief modellierter Mund mit Lippenspalt, braune Paperweight-Augen, aufgesetzte, durchstochene Ohren, Echthaarperücke, Gliederkörper aus Holz und Masse, blau gestempelt *„Jumeau Medaille d'Or"*, alte Kleidung aus der Zeit - optimale Qualität einer E. J. (58 cm, um 1882).
DM 14.000 - 16.000

224 Ursula M. Dieterich

225 Ursula M. Dieterich

226 Ursula M. Dieterich

226 Frühes Bébé Schmitt: gemarkt *„Sch"* (und zwei gekreuzte Hämmer im Schild), Kurbelkopf aus gepreßtem Biskuitporzellan, weißer Teint, geschlossener Mund mit Konturlinien, blaue Augen mit Strahleniris, rundliche Gesichtsmodellierung mit leichtem Doppelkinn, zarte Brauenbemalung, Lidschatten, Original-Mohairperücke, Gliederkörper mit Schmitt-Markierung und 8 losen Kugeln, abgeflachtes Gesäß (50 cm, um 1870).

DM 24.000 - 28.000

227 Ursula M. Dieterich

227 Seltene Gliederpuppe: gemarkt *„Steiner Bte. SGDG Fre B 17“*, gepreßter, heller Biskuitkurbelkopf, offener Mund mit Ober- und Unterzähnchen, zartrosa Mund- und Wangenbemalung mit Lippenkonturen, blaue Paperweight-Augen, rosa Lidschatten, anatomisch geformte Ohren, Mohairperücke, Gliederkörper aus Pappmaché, blau gestempelt: *„Le Petit Parisien, Steiner Bte. SGDG“*, alte Kleidung (62 cm, um 1885).

DM 13.000 - 15.000

228 Steiner-Bébé: eingraviert gemarkt *„Bte. SGDG A 15“*, rot gestempelt *„Le Parisien“*, Biskuitkurbelkopf aus gepreßtem Porzellan, heller Teint, offener Mund mit Zähnen oben, zweifarbig bemalt, blaue Paperweight-Augen, Echthaarperücke, Gliederkörper aus Pappmaché mit Steiner-Etikette (55 cm, um 1890).

DM 6.500 - 7.000

228 Ursula M. Dieterich

229 Ursula M. Dieterich

229 Phénix-Bébé: gemarkt mit rotem Stempel *„Phénix"*, eingraviertem Stern und *„93"*, Biskuitkurbelkopf aus sehr feinem, gepreßtem, fast durchsichtigem Porzellan, tief modellierter, geschlossener Mund in zweifarbiger Bemalung, blaue Paperweight-Augen, steifer Körper mit vier Gelenken aus Maché, typische Steiner-Körperform - völlig unbespielte Originalerhaltung - (62 cm, um 1890).

DM 9.500 - 11.000

230 Ursula M. Dieterich

230 Gliederpuppe: gemarkt *„SFBJ 8 Paris“*, Biskuitkurbelkopf, zartrosa Porzellan, offener Mund mit oberer Zahnreihe, braune Schlafaugen, durchstochene Ohrläppchen, SFBJ-Gliederkörper aus Holz und Masse, Kleidung ergänzt (48 cm, um 1905).

DM 2.400 - 2.800

231 Ursula M. Dieterich

232

233

231 Große Gliederpuppe: gemarkt *„SFBJ 301 Paris"*, Biskuitkurbelkopf, offener Mund mit roter Bemalung, Zahnreihe oben, Wimpern nur unten gemalt, blaue Schlafaugen, durchstochene Ohrläppchen, SFBJ-Gliederkörper aus Holz und Masse, unbespielt im Originalkarton (72 cm, um 1915).

DM 2.200 - 2.500

232 + 233 Trachtenpuppe: gemarkt *„SFBJ 60 Paris 2/0"*, Biskuitkurbelkopf, offener Mund, 4 Zähne oben, braune Schlafaugen, Original-Mohairperücke, SFBJ-Gliederkörper aus Holz und Masse, Original-Tracht und Schuhe, Original-Karton mit Aufschrift: *„Eden Bébé Articulé Marque Déposée 7"* (40 cm, um 1915).

DM 1.600 - 2.000

234 Ursula M. Dieterich

234 Gliederpuppe: eingraviert gemarkt *„SFBJ 230 Paris"*, heller Biskuitkurbelkopf mit zartrosa Wangenbemalung, offener Mund mit oberer Zahnreihe, feste, blaue Paperweight-Augen, Lippen mit Konturlinien, durchstochene Ohrläppchen, Mohairperücke, früher SFBJ-Gliederkörper aus Holz und Masse - die gleiche Serien-Nr. mit Schlafaugen ist späterer Herstellung und preislich niedriger zu bewerten - (52 cm, um 1900).

DM 3.800 - 4.200

235 Mädchenpuppe: gemarkt in großen Blockbuchstaben *„SFBJ Déposé"*, Biskuitkurbelkopf, offener Mund mit Zähnchen, blaue Schelmenaugen, Wimpern nur unten gemalt, Mohairperücke, SFBJ-Gliederkörper aus Holz und Masse, Kleidung im alten Stil - Kopf deutscher Herstellung, identisch mit der Form Nr. 1039 von Simon & Halbig - (48 cm, um 1905).

DM 2.200 - 2.500

235 Ursula M. Dieterich

236 Ursula M. Dieterich

237 Ursula M. Dieterich

236 Jungenpuppe: gemarkt *„SFBJ 226 Paris"*, Vollkopf mit leicht modelliertem, getöntem Haarboden, offen/geschlossener Mund, ausdrucksvolle Gesichtsmodellierung, kleine, schlitzförmige Augenausschnitte, Paperweight-Augen, SFBJ-Gliederkörper aus Holz und Masse, neue Kleidung (42 cm, um 1912).

DM 4.000 - 5.000

Anmerkung: Die Köpfe der Charakterpuppen, die nicht mit SFBJ sondern nur mit der Form-Nr. gemarkt sind, wurden in Deutschland hergestellt und sind preislich günstiger!

237 Beliebte Charakterpuppe: gemarkt *„SFBJ 236 Paris"*, Biskuitkurbelkopf, helles Porzellan, daher frühe Herstellung, fröhlicher Gesichtsausdruck mit lachendem, offen/ geschlossenem Mund, 2 anmodellierte Zähne oben, blaue Schlafaugen, Wimpern nur unten gemalt, Mohairperücke, stämmiger SFBJ-Toddlerkörper aus Holz und Masse (58 cm, um 1912).

DM 4.000 - 4.500

238 Ursula M. Dieterich

238 Jungenpuppe: gemarkt *„227"*, Biskuitkurbelkopf, Vollkopf mit gemalten Haaren, offen/geschlossener Mund mit 6 modellierten Zähnchen, lächelnder Gesichtsausdruck, blaue Paperweight-Augen, Laufkörper aus Holz und Masse - perfekter Originalzustand im Karton - (42 cm, um 1915).

DM 3.000 - 3.800

239 Ursula M. Dieterich

239 Charakterpuppe: gemarkt *„SFBJ 251 Paris"*, Biskuitkurbelkopf, offener Mund mit 2 Zähnen oben, Wangengrübchen, blaue Schlafaugen, Echthaarperücke, SFBJ-Babykörper aus Masse (42 cm, um 1915).

DM 2.500 - 2.800

mit Toddlerkörper **DM 3.500 - 3.800**

240 Ursula M. Dieterich

240 Rarität: sehr seltene Charakterpuppe, gemarkt *„SFBJ 246 Paris"*, Biskuitkurbelkopf, feinporiges, zartrosa getöntes Porzellan, pausbackige Wangen, Unterlippe mit modellierter Zunge, 2 Zähne oben, blaue Schlafaugen, Gliederkörper aus Holz und Masse, Original-Kleidung (48 cm, um 1915).

DM 15.000

241 Ursula M. Dieterich

242 Ursula M. Dieterich

243 Ursula M. Dieterich

242 Modepuppe: Hersteller unbekannt - Kurbelkopf und Brustplatte aus gepreßtem Porzellan, rundliche Gesichtsform, blasser, fast weißer Teint, geschlossener, leicht lächelnder Mund in zweifarbiger Bemalung, feste Glasaugen, durchstochene Ohren, seltener Holzkörper mit Scharniergelenken, auch am Knöchel, Unterarme aus Biskuitporzellan, sehr aufwendige Kleidung (48 cm, um 1865/70).

DM 12.000 - 14.000

243 Pierre Francois Jumeau: ungemarkte Modepuppe, Kurbelkopf und Brustplatte aus gepreßtem Porzellan, weißer Teint mit blaßrosa Wangenbemalung, geschlossener Mund mit Konturlinien, feste, blaue Glasaugen, gesuchter Holzkörper mit Scharniergelenken, auch an Oberschenkeln und Armen drehbar (56 cm, um 1865).

DM 18.000 - 25.000

241 Modepuppe: Hersteller unbekannt, Biskuitkurbelkopf aus gepreßtem Porzellan, heller Teint, rundliche Gesichtsmodellierung, rosa getönte Wangenpartie, geschlossener Mund, feste Glasaugen, Lederkörper mit Zwickeln und Biskuit-Unterarmen, alte Kleidung, jedoch nicht original (48 cm, um 1870).

DM 8.000 - 9.000

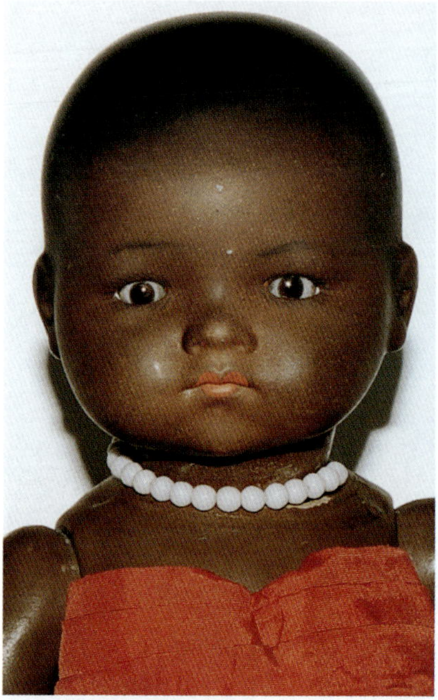

244

244 Mulatten-Baby: gemarkt *„AM Germany 341/3 K"*, braun getönter Biskuitkurbelkopf, Vollkopf mit schwarzer Haartönung, geschlossener Mund, kleine, braune Schlafaugen, brauner, gedrungener Babykörper aus Masse (32 cm, um 1926).

DM 1.400 - 1.600

245 Dreambaby: gemarkt *„AM Germany 351/2 K"*, Biskuitkurbelkopf, braun getönt, Vollkopf mit schwarz getöntem Haarboden, offener Mund, 2 Zähne unten, braune Schlafaugen, brauner Masse-Babykörper, alte Babypuppenkleidung (26 cm, um 1926).

DM 1.000 - 1.200

245 Marianne Eussen

246 Großes Dreambaby: gemarkt *„A. M. Germany 351/10 K."*, Spritzporzellan-Kurbelkopf, dunkelbraun getönt, Vollkopf mit einigen modellierten Locken und schwarz getöntem Haarboden, offener Mund, 2 Zähne unten, braune Schlafaugen, dunkelbrauner Babykörper aus Masse (65 cm, um 1926).

DM 1.400 - 1.600

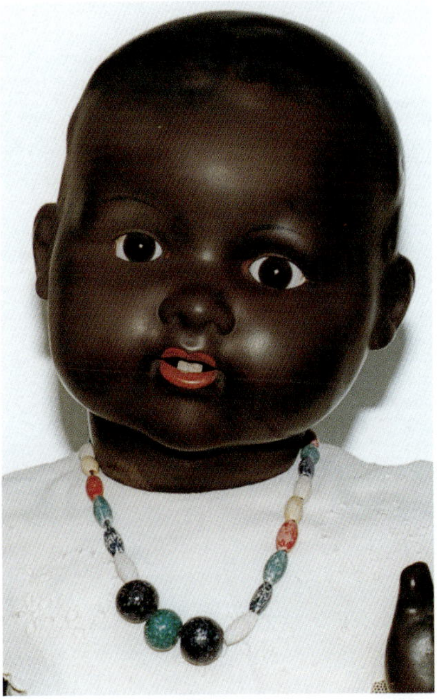

246

247 Charakterpuppe: gemarkt *„Made in Germany 99/1 1/2"*, schwarz getönter Biskuitkurbelkopf, offener Mund mit 2 Zähnen oben, braune Schlafaugen, schwarzer Masse-Babykörper, krause, schwarze Perücke (30 cm, um 1910).

DM 1.600 - 2.000

247 Ingrid Altfelder

248

249

248 Mulattin: gemarkt *„8"*, braun getönter Biskuitkurbelkopf mit Speckfalte im Nacken, durchstochene Ohrläppchen, geschlossener Mund mit zweifarbiger Bemalung, braune Schlafaugen, lockige, schwarze Mohairperücke, Massekopfdeckel, braun getönter Gliederkörper aus Holz und Masse mit festen Handgelenken, alt bekleidet (34 cm, um 1885).

DM 4.500 - 5.000

249 Interessante Puppe: gemarkt *„Heubach Köppelsdorf Sybilla D. R. G. M. 448 473 15/0"*, Spritzporzellan-Kurbelkopf, braun getönt, offen/geschlossener Mund mit modellierten, bemalten Zähnen, schmales Mädchengesicht, braune Schlafaugen, durchstochene Ohrläppchen, schwarze Mohairperücke, fünfteiliger Körper, aus Masse, braun getönt, alte Kleidung (27 cm, um 1926).

DM 1.400 - 1.600

250 Auktionshaus Sotheby's, London

250 Mulattin: gemarkt *„1358 S & H"*, braun getönter Biskuitkurbelkopf, offener Mund mit Zähnen oben, braune Schlafaugen, schwarze Mohairperücke, braun getönter Gliederkörper aus Holz und Masse, alte Kleidung (41 cm, um 1910).

DM 10.500

251 Ingrid Altfelder

251 SIMON & HALBIG: gemarkt *„1079 SIMON & HALBIG S & H Germany 3/0"*, Biskuitkurbelkopf, braun getönt, offener Mund mit 4 Zähnen oben, braune Schlafaugen, schwarze Perücke, braun getönter Gliederkörper aus Holz und Masse, ergänzte Kleidung (22 cm, ab 1892).

DM 1.200 - 1.400

in 34 cm **DM 2.000 - 2.400**

Firma	Serien-Nr.	Mund	Körper	Größe	hergestellt ab	Abb. in Preisf.	Preis DM
B & P	224	offen	Gliederk.	35 cm	1895	95/96	**2.000 - 2.400**
B & P	592	offen/geschl.	Toddlerk.	37 cm	1912	95/96	**3.000 - 3.500**
Heubach Köppelsdorf	300	offen	Babyk.	25 cm	1920	95/96	**1.100 - 1.300**
Heubach Köppelsdorf	399	geschl.	Babyk.	38 cm	1930	95/96	**1.800 - 2.000**
Heubach Köppelsdorf	463	offen	Babyk.	25 cm	1930	91/92	**1.500 - 1.700**
K & R	100	offen/geschl.	Babyk.	36 cm	1909	89/90	**3.000 - 3.500**
K & R	101	geschl.	Stehk.	23 cm	1909	95/96	**4.200 - 4.500**
K & R	126	offen	Babyk.	32 cm	1920	95/96	**1.600 - 2.000**
F.Schmidt	1255	offen	Babyk.	36 cm	1912	89/90	**2.600 - 3.000**
F. Schmidt	1297	offen	Babyk.	25 cm	1912	89/90	**1.600 - 2.000**
S & H	1294	offen	Babyk.	34 cm	1912	95/96	**1.600 - 2.000**
S & H	749	offen	Gliederk.	45 cm	1893	95/96	**3.200 - 3.500**
S & H	1248	offen	Gliederk.	45 cm	1898	89/90	**3.000 - 3.500**
S & Q	252	offen	Babyk.	28 cm	1920	95/96	**4.000 - 4.500**

252 Ingrid Altfelder

252 Indianerpuppe: gemarkt *„A. M. 2"*, rötlich getönter Biskuitkurbelkopf, offener Mund, 4 Zähne oben, braune Augen, strenge Brauenbemalung, Original-Perücke, rötlich getönter Massekörper mit geraden Armen und Beinen und modellierten Schuhen, Originalkleidung (40 cm, um 1900.

DM 1.800 - 2.200

253

253 Kestnerbaby: gemarkt *„K made in Germany 14 243 J. D. K.“*, gelblich getönter Biskuitkurbelkopf, offener Mund mit 2 Zähnen oben, braune Schlafaugen, schwarze Echthaarperücke, gelblich getönter Kestner-Babykörper mit links angewinkeltem Arm, Original-Kimono (45 cm, um 1914).

DM 12.500 - 15.000

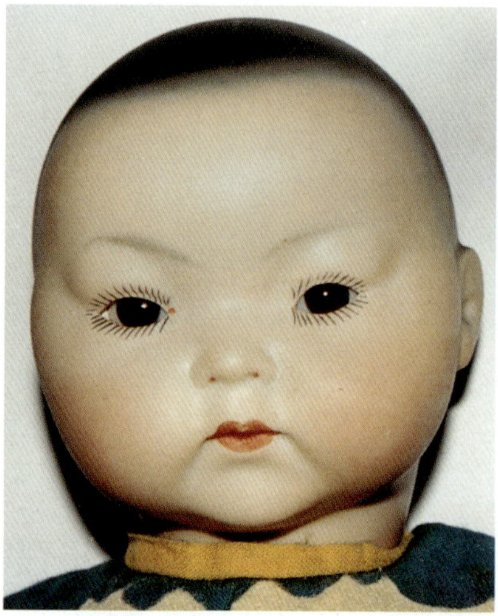

254

254 Babypuppe: gemarkt *„3 Germany“*, Biskuitkurbelkopf, gelblich getönt, schwarzer Haarboden, geschlossener Mund, braune Schlafaugen, gelblich getönter Masse-Babykörper, Originalkleidung (35 cm, 20er Jahre).

DM 3.600 - 4.000

255

255 Babypuppe: gemarkt *„A. M. Germany 353/1 K“*, gelblich getönter Biskuitkurbelkopf, Vollkopf mit schwarz getöntem Haarboden, geschlossener Mund, braune Schlafaugen, gelblich getönter Masse-Babykörper (27 cm, um 1926).

DM 3.000 - 3.400

256

256 Gliederpuppe: gemarkt *„SIMON & HALBIG 1129"*, gelblich getönter Biskuitkurbelkopf, offener Mund mit 4 Zähnen oben, schräg nach oben verlaufende, mandelförmige Augenausschnitte, braune Schlafaugen, Original-Perücke, gelblich getönter Gliederkörper aus Holz und Masse, Original-Kimono (35 cm, ab 1893).
DM 6.000 - 6.500

257 Große Orientalin: gemarkt *„1329 Germany SIMON & HALBIG S & H 10"*, gelblich getönter Biskuitkurbelkopf, offener Mund, zweifarbig bomalt, 4 Zähne oben, durchstochene Ohrläppchen, braune Schlafaugen, Original-Mohairperücke, gelblich getönter Gliederkörper aus Pappe und Masse, ergänzter Kimono (60 cm, um 1910).
DM 9.000 - 10.000
in 34 cm **DM 3.900 - 4.200**
in 45 cm **DM 5.500 - 6.000**

257

Firma	Serien-Nr.	Mund	Körper	Größe	hergestellt ab	Abb. in Preisf.	Preis DM
AM Heubach	341	geschl.	Babyk.	27 cm	1926	87/88	**3.000 - 3.200**
Köppelsdorf	399	geschl.	Babyk.	35 cm	1930	93/94	**4.500 - 5.000**
S & H	1099	offen	Gliederk.	48 cm	1893	93/94	**6.500 - 7.500**

258 Ganzbiskuit-Googly: gemarkt *„111“*, Biskuitporzellan, Arme und Beine beweglich, modellierte Strümpfe und Schuhe, geschlossener Mund mit nach oben gezogenen Mundwinkeln, Schlafaugen, Stupsnase, Original-Perücke (13 cm, um 1915).

DM 900 - 1.200

259 Ganzbiskuit-Googly: auf Kopf und Rücken ungemarkt, in den Armen numeriert mit *„15“*, in den Beinen numeriert mit *„179“*, Biskuitkurbelkopf, geschlossener Mund mit nach oben gezogenen Mundwinkeln, zur Seite blickende, gemalte Augen, Original-Mohairperücke, Ganzbiskuitkörper mit beweglichen Armen und Beinen, blau bemalte, modellierte Strümpfe, schwarz bemalte, modellierte Schuhe (15 cm, um 1915).

DM 1.200 - 1.500

258

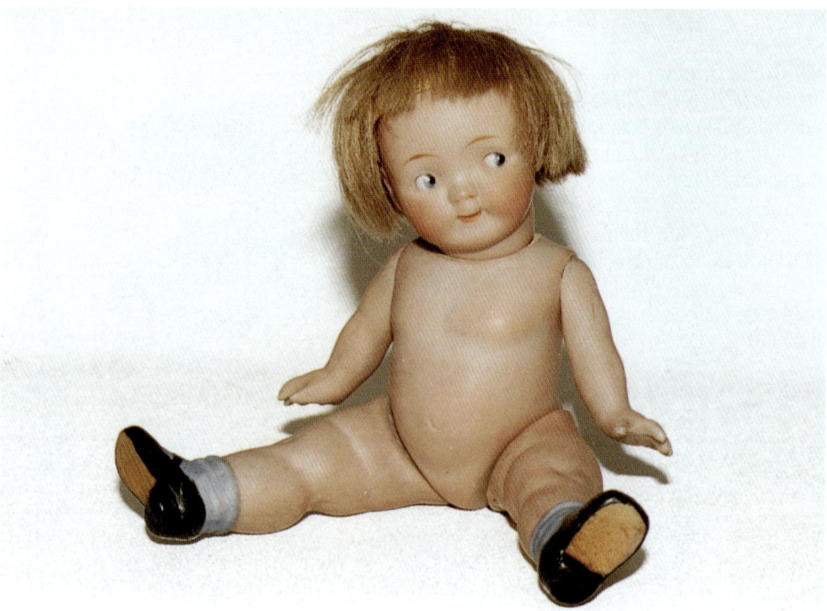

259

260

260 Mädchen-Puppe: gemarkt *„1 (Heubach-Quadrat) Germany"*, Biskuitkurbelkopf mit modellierter Mädchenfrisur, offen/geschlossener, dreieckiger Mund, große, zur Seite blickende, gemalte Augen, einfacher Babykörper mit dickem Bauch aus Pappe und Masse (26 cm, um 1914).

DM 2.600 - 3.000

261 Mädchenpuppe: gemarkt *„210 A. 5/0 M. Germany D. R. G. M"*, Biskuitkurbelkopf, Vollkopf mit modellierter Mädchenfrisur, zart getönter Haarboden, offen/geschlossener Mund mit modellierter Zunge, blaue, gemalte, zur Seite blickende Augen, Babykörper aus Pappe und Masse (23 cm, ab 1911).

DM 1.600 - 2.000

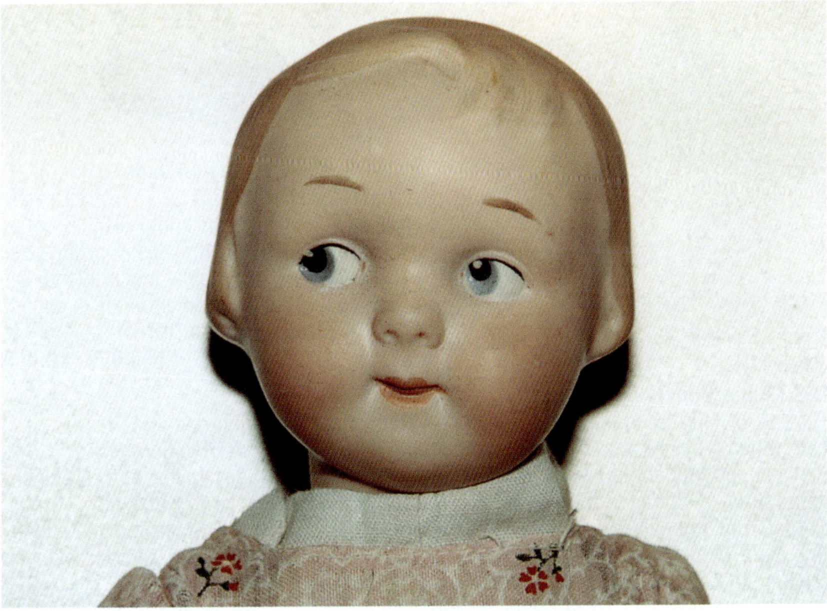

261

262

262 Beliebtes Googly: gemarkt *„Armand Marseille Germany 323 A. 6/0 M."*, Biskuitkurbelkopf, geschlossener Mund mit voller Lippenbemalung, zur Seite blickende Schlafaugen, Original-Mohairperücke, fünfteiliger Körper aus Pappe und Masse, altes Kleid (23 cm, um 1914).

DM 2.400 - 2.600

in 30 cm **DM 3.400 - 3.600**

263

263 Kleine Googly-Puppe: gemarkt *„950 P. M. 11/0"*, Biskuitkurbelkopf, geschlossener Mund, blaue, zur Seite blickende Schlafaugen, Augenbrauenbemalung in einem Strich, Echthaarperücke, fünfteiliger Körper mit modellierten und bemalten Schuhen, Original-Kleid - Porzellanfabrik Mengersgereuth - (17 cm, um 1926).

DM 2.000 - 2.200

in 32 cm **DM 4.000 - 4.500**

264

264 Gesuchte Googly-Puppe: gemarkt *„B made in Germany 6 J. D. K. 221 ges. gesch."*, Biskuitkurbelkopf, geschlossener *„Melonenmund"*, Stupsnase, große, zur Seite blickende Schlafaugen, Original-Echthaarperücke, Toddlerkörper, komplett alt bekleidet (30 cm, um 1913).

DM 9.000 - 10.000

265 Rares Googly: gemarkt *„K (Stern) R SIMON & HALBIG 131 Germany 28"*, Biskuitkurbelkopf, geschlossener „Melonenmund", Pausbacken, Stupsnase, große, zur Seite blickende Schlafaugen, Mohairperücke, Toddlerkörper, altes Kleidchen (28 cm, um 1914).

DM 10.000 - 12.000

in 36 cm **DM 15.000 - 18.000**

265

Firma	Serien-Nr.	Körper	Größe	hergestellt ab	Abb. in Preisf.	Preis DM
unbekannt	SK 10	Stehk.	18 cm	1920	89/90	**2.200 - 2.500**
M.Handwerck	Dep. Elite	Gliederk.	30 cm	1915	91/92	**3.200 - 3.500**
G.Heubach	EINCO 9	Stehk.	48 cm	1913	89/90	**12.000 - 14.000**
G.Heubach	9578	Stehk.	20 cm	1914	95/96	**2.500 - 2.800**
Hertel,Schwab & Co.	163	Toddlerk.	35 cm	1914	93/94	**12.000 - 14.000**
Hertel,Schwab & Co.	164	Toddlerk.	34 cm	1914	91/92	**9.000 - 10.000**
Hertel,Schwab & Co.	165	Babyk.	39 cm	1914	93/94	**10.000 - 12.000**
Hertel,Schwab & Co.	172	Toddlerk.	36 cm	1914	93/94	**8.000 - 9.000**
Hertel,Schwab & Co.	173	Toddlerk.	39 cm	1914	93/94	**10.000 - 12.000**
E.Heubach	318	Stehk.	29 cm	1923	93/94	**7.500 - 8.500**
Kestner	189	Bisk.K.	15 cm	1910	91/92	**3.000 - 3.200**
Marseille	324	Stehk.	24 cm	1913	91/92	**2.200 - 2.500**
Recknagel	33	Babyk.	26 cm	1914	95/96	**1.800 - 2.000**
SFBJ	245	Gliederk.	42 cm	1912	95/96	**15.000 - 16.000**
Walther & Sohn	208	Stehk.	18 cm	1920	95/96	**1.600 - 1.800**

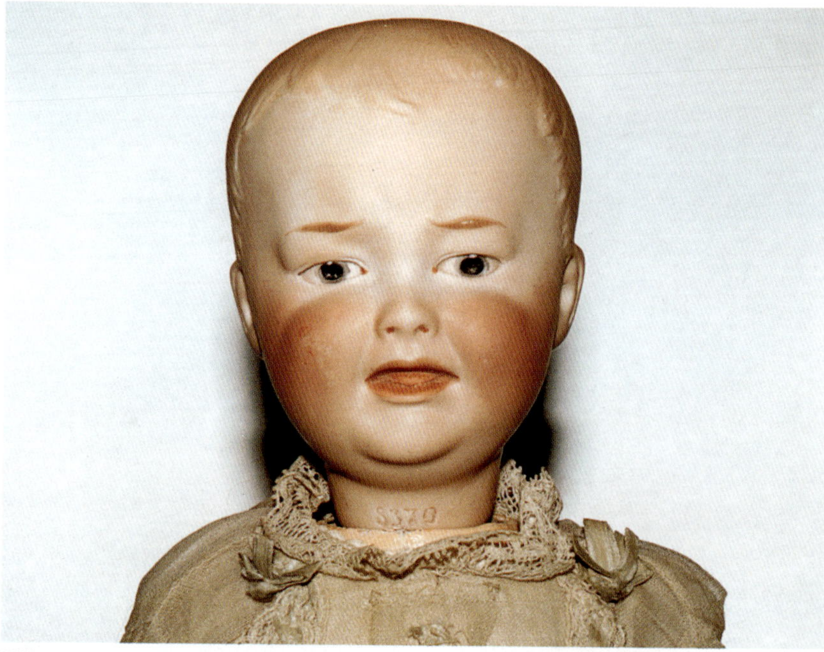

266

266 + 267 Rare Zweigesichter-Puppe: gemarkt *„S 370 4"* und *„SS (im Wappen)"*, Biskuitkurbelkopf, Vollkopf mit modellierter, zart getönter Frisur, beide Gesichter mit offen/geschlossenem Mund und gemalten Augen, eine Seite lächelnd, die andere Seite weinend, Gliederkörper aus Holz, Masse und Pappe, Original-Verkaufkleidung - Gebr. Heubach für Max Friedrich Schelhorn - (40 cm, um 1912).

DM 4.000 - 4.500

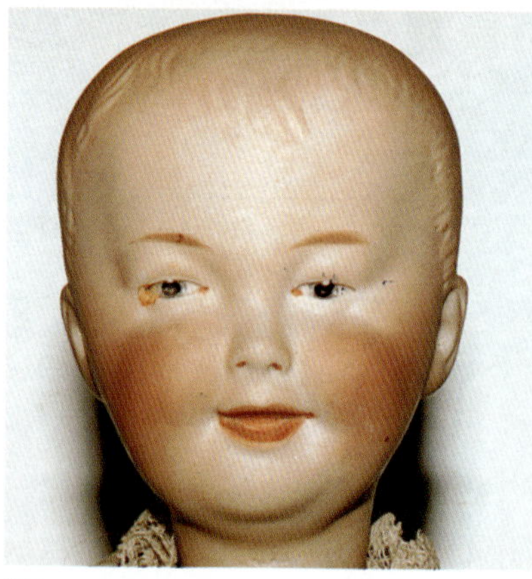

267

Firma	Serien-Nr.	Körper	Größe	hergestellt ab	Abb. in Preisf.	Preis DM
Kley & Hahn	159	Babyk.	37 cm	1911	95/96	**3.600 - 4.200**
Carl Bergner	450	Pappk.	30 cm	1890	-	**2.600 - 3.000**
Carl Bergner	450	Pappk.	40 cm	1890	95/96	**3.000 - 3.500**

268 Marianne Eussen

268 Badepuppe: ungemarkt, gemalte, schwarze Frisur, getöntes Gesicht und Hals, gemalte, braune Augen (40 cm, um 1890).

DM 900 - 1.000

269

269 Kleine Badepuppe: Biskuitporzellan, modellierte, blonde Frisur, modellierte, bemalte Badehose, verschränkte Arme (9 cm, um 1920).

DM 250 - 350

270 Badepuppe: ungemarkt, glasiertes Porzellan, gemalte, blonde Frisur, gemalte, blaue Augen, getöntes Gesicht und Hals (45 cm, um 1890).

DM 1.000 - 1.200

271 Kleine Badepuppe: Biskuitporzellan, leicht modellierte, braun bemalte Frisur, gemalte, blaue Augen (22 cm, um 1910).

DM 650 - 750

272 Frühe Badepuppe: ungemarkt, leicht rosa getönt, modellierte, schwarze Frisur, gemalte, blaue, Augen (38 cm, um 1870).

DM 875

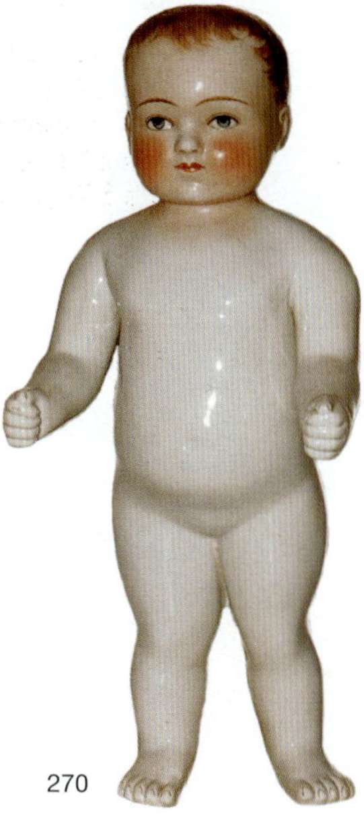

270

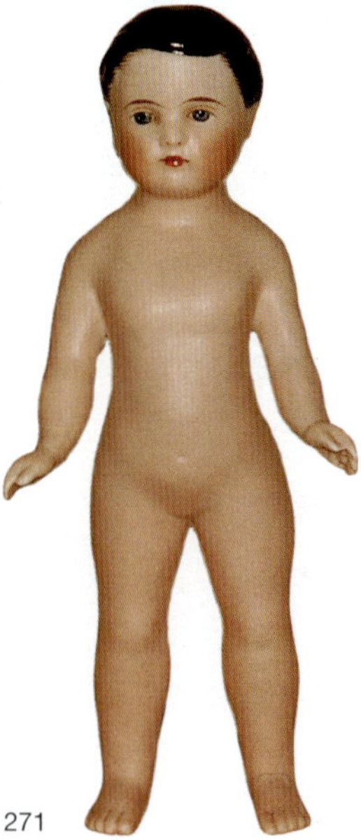

271

272 Auktionshaus Kohler, Winterthur

273

273 Vier Figuren: ungemarkt, gemalte Badehosen, große zur Seite blickende Augen, drei Figuren mit Insekten, auf der Rückseite anmodellierte Vasen (14 cm, um 1920).
je **DM 550 - 650**

274

274 Püppchen: ungemarkt, das größere Püppchen mit beweglichen Armen und abnehmbarer Mütze (um 1920).
13 cm **DM 500 - 600**
7 cm **DM 200 - 250**

275

275 Drei Püppchen: ungemarkt, Farbe der Hasenanzüge nicht eingebrannt, teilweise mit Papierblümchen - Firma Hertwig & Co. - (8,5 - 6 cm, um 1920).
je **DM 150 - 250**

276

277

276 Vier Ganzbiskuit-Babys: links gemarkt *„142"*, die anderen numeriert in den Beinen „200", links mit Kurbelkopf, die anderen mit festen Köpfen, alle mit offen/geschlossenem Mund, Vollköpfe mit zarter Haarbemalung, gemalte blaue bzw. braune Augen, bewegliche Arme und Beine - Firma Hertel, Schwab & Co. - (um 1915).

20 cm	**DM 1.200 - 1.300**
18 cm	**DM 1.000 - 1.100**
13 - 14 cm	**DM 500 - 700**

277 Indianer-Püppchen: ungemarkt, Biskuitporzellan, bewegliche Arme, modellierte Kleidung mit samtartiger Beschichtung - Firma Hertwig & Co. - (um 1920).

16 cm	**DM 750 - 850**
10,5 cm	**DM 400 - 450**

278

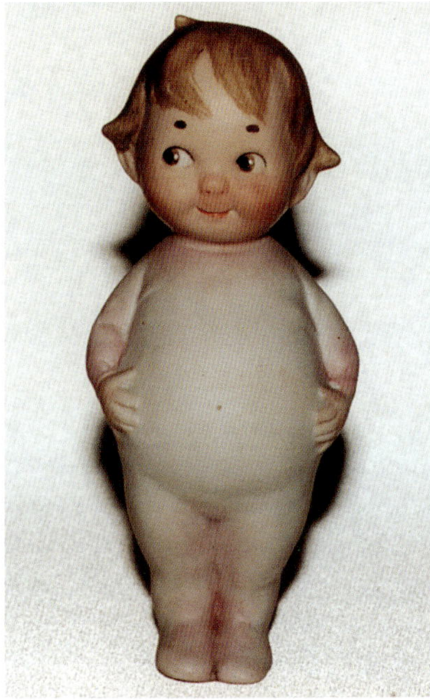

279

278 Our Fairy: gemarkt *„222 14"*, Biskuitporzellan, fester Kopf, fröhlicher Gesichtsausdruck, offen/geschlossener Mund mit 2 gemalten Zähnen oben, braune Schlafaugen, Original-Mohairperücke, bewegliche Arme, Hände mit abgespreizten Fingern - Fa. Hertel, Schwab & Co., selten! - (14 cm, ab 1913).

DM 1.500 - 1.600

279 Püppchen: ungemarkt, Biskuitporzellan, modellierter Spielanzug - Firma Kestner - (13 cm, um 1920).

DM 500 - 600

280 Teufelchen: gemarkt *„92 2"*, kleine modellierte und bemalte Hufe, angedeutete Hörner (12 cm, um 1915).

DM 600 - 700

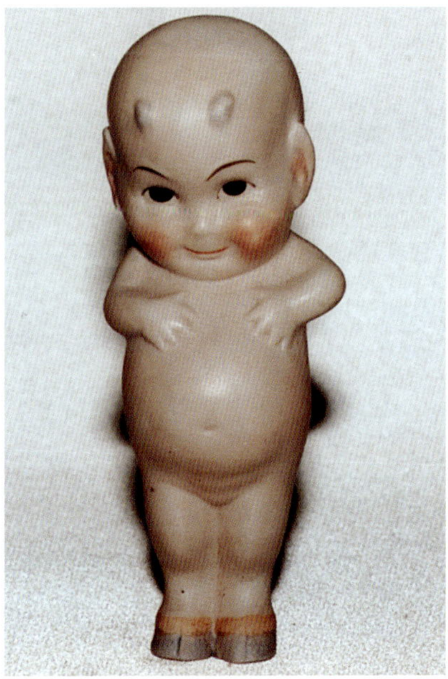

280

281

282

281 Große Ganzbiskuitpuppe: gemarkt *„203 10"*, Arme und Beine numeriert *„208 10"*, fester Kopf, bewegliche Arme und Beine, modellierte Strümpfe, weiß bemalt, schwarze, modellierte Schuhe, offener Mund mit 4 Zähnen oben, Kinngrübchen, originale Echthaarperücke (27 cm, um 1915).

DM 1.600 - 2.000

282 Kleine Puppe: gemarkt *„156 3 Germany"*, fester Kopf, bewegliche Arme und Beine, modellierte Strümpfe und Schuhe, offen/geschlossener Mund mit lächelndem Ausdruck, blaue Schlafaugen, Mohairperücke (14 cm, um 1915).

DM 800 - 900

283

283 Gebr. Heubach: Biskuitporzellan-Figur, gemarkt mit dem Sonnenzeichen und rotem Stempel *„Made in Germany"* (12 cm lang, 13 cm hoch, um 1915).

DM 850 - 1.000

284 Ladenburger Spielzeugauktionen

284 Offizier: ungemarkt, Biskuitbrustkopf mit modelliertem Schnurrbart, Stoffkörper, Biskuit-Unterarme und -schenkel, Original-Uniform und Mütze, Zinnsäbel und Tasche (16,5 cm, um 1910).

DM 1.900

285 Ladenburger Spielzeugauktionen

285 Frau: ungemarkt, Biskuitbrustkopf, Stoffkörper, Biskuit-Unterarme und -schenkel, Original-Perücke, sehr schöne Originalkleidung (16 cm, um 1885).

DM 900

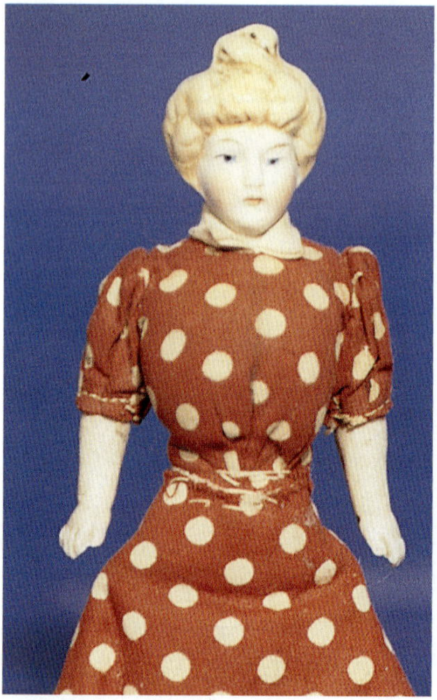

286 Ladenburger Spielzeugauktionen

287 Ladenburger Spielzeugauktionen

286 Frau: ungemarkt, Biskuitbrustkopf, modellierte Frisur, Biskuit-Unterarme und -schenkel, Stoffkörper, Originalkleidung (14,5 cm, um 1910).

DM 500

287 Herr: ungemarkt, Biskuitbrustkopf mit gemaltem Schnurrbart, Stoffkörper, Biskuit-Unterarme und -schenkel, alte Kleidung (17 cm, um 1910).

DM 420

288 Ladenburger Spielzeugauktionen

288 Koch: ungemarkt, Biskuitbrustkopf, modellierter Schnurrbart, Stoffkörper, Biskuit-Unterarme und -schenkel, Originalkleidung (15 cm, um 1910).

DM 1.400

289

289 + 290 Puppen-Familie: Biskuitbrustköpfe, modellierte Frisuren, Stoffkörper mit Biskuit-Unterarmen und -schenkeln, teilweise mit dreistelligen Nummern gemarkt (10 - 16 cm, um 1900).

Großeltern: je	**DM 600 - 700**
Herr:	**DM 450 - 550**
Damen: je	**DM 400 - 500**
Kinder: je	**DM 150 - 250**

290

291 Ladenburger Spielzeugauktionen

291 Puppenstubenpuppen: ungemarkt, Biskuitporzellan, bewegliche Arme und Beine, modellierte Strümpfe und Schuhe, Glasaugen, Original-Perücken und -Kleidung (9,5 cm, um 1910).
zusammen **DM 700**

292 Ladenburger Spielzeugauktionen

292 Zwei Püppchen: gemarkt *„13"*, Biskuitkurbelkopf, gemalte Augen, Mohairperücken, Massekörper mit modellierten Strümpfen und Schuhen, Originalkleidung (12 cm, um 1910).
zusammen **DM 650**

293

294

293 Gottlieb Zinner: Zwei Püppchen mit Biskuitkurbelköpfen, numeriert mit *„10-14“*, feste, blaue Augen, offener Mund, Mädchen mit Masse-Unterschenkeln, Junge mit Holzbeinen, beide Puppen mit Holzunterarmen, Originalkleidung, Mohairperücken - durch Drehen an der Kurbel macht der Junge einen Diener, das Mädchen bewegt sich nach rechts und links - (Püppchen: 17 cm, um 1900).

DM 4.000 - 4.500

294 Stürzenschläger: Biskuitbrustkopf, gemarkt *„A. M. Germany 1899-5/0“*, offener Mund, 4 Zähne oben, Kinngrübchen, braune, feste Augen, Augenbrauenbemalung in einem Strich, durchstochene Ohrläppchen, Original-Mohairperücke, Unterarme und -schenkel aus Holz, Originalkleidung - drückt man auf den Bauch, schlagen die Hände zusammen - (35 cm, um 1899).

DM 1.200 - 1.500

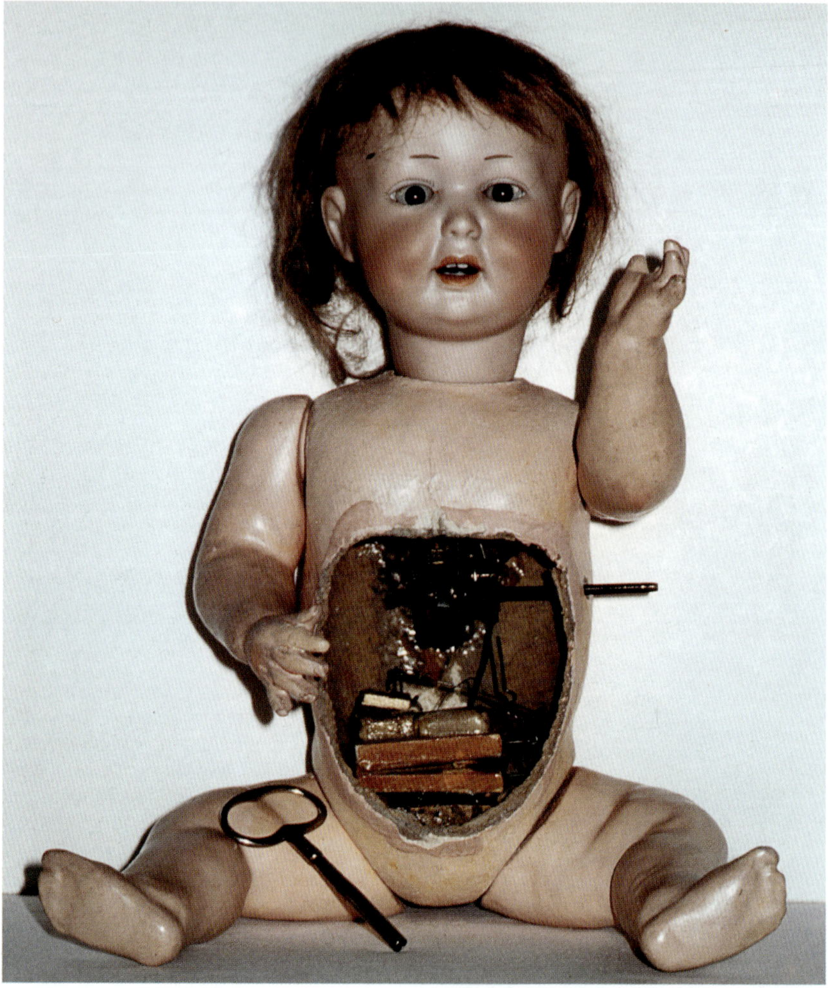

295 Helga und Peter Baumann

295 Charakterbaby: gemarkt *„590 A 4 M Germany D. R. G. M.“*, Biskuitkurbelkopf, offener Mund, 2 Zähne oben, graublaue Schlafaugen, alte Mohairperücke, Babykörper aus Masse, Bekleidung ergänzt, - im Inneren des Körpers Uhrwerk für Schlafaugen und Mamastimme, die Augen gehen auf und zu - (36 cm, um 1916).

DM 3.500 - 3.800

296

296 Kleine Laufpuppe: gemarkt *„L S & H K (Stern) R 4/0"*, Biskuitkurbelkopf, offener Mund, 4 Zähne oben, blaue Schlafaugen, durchstochene Ohrläppchen, Echthaarperücke, gerade Arme und Beine mit gemalten Strümpfen und modellierten Schuhen - durch Führen der Puppe bewegen sich abwechselnd das rechte und das linke Bein und der Kopf dreht sich hin und her (24 cm, um 1920).

DM 1.000 - 1.200

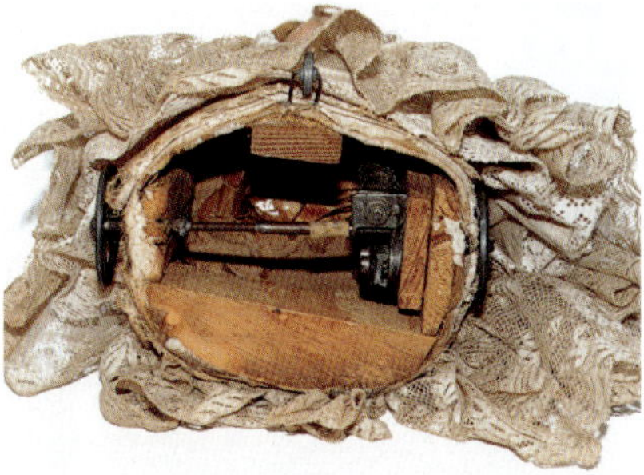

297

297 + 298 Puppe: gemarkt *„made in Germany 3/0"*, Biskuitgeradhalskopf, offener Mund, 4 Zähne oben, blaue, feste Augen, Biskuitunterarme an Drähten, Mohairperücke, Körper in Form eines Pappzylinders mit Holzverstärkung, 2 Räder, 1 kleines Stützrad vorne, Originalkleidung - beim Schieben der Puppe erklingt eine Spieluhr - (33 cm, um 1895).

DM 2.500 - 2.800

298

299 Auktionshaus Sotheby's, London

299 Fillette Piano: Biskuitkopf, geschlossener Mund, feste, blaue Augen, durchstochene Ohrläppchen, blonde Echthaarperücke, Original-Seidenkleid, Metallhände, die sich hin und her bewegen, Kopf bewegt sich nach rechts, links, oben und unten, Aufzugmechanismus, Spieluhr mit drei Liedern - Firma Vichy - (34 cm, um 1890).

DM 13.500

300 Harfenspielerin: Biskuitkurbelkopf, rot gestempelt *„Déposé Tête Jumeau 11“* sowie rote Kontrollzeichen, geschlossener, leicht lächelnder Mund, braune Paperweight-Augen, durchstochene Ohrläppchen, Echthaarperücke, Biskuit-Unterarme, Aufzugmechanismus, verschiedene Bewegungsabläufe (Kopf und Finger der rechten Hand restauriert) - Firma Roullet et Decamps - (64 cm, um 1880).

DM 19.400

300 Auktionshaus Sotheby's, London

301 Auktionshaus Sotheby's, London

302

302 Zauberer: Asiate aus Pappmaché, braune Glasaugen, bewegt Kopf und Arme, *„zaubert"* vier verschiedene Gegenstände, Antrieb durch Uhrwerk (80 cm, um 1890).

DM 12.000 - 16.000

301 Zauberautomat: Biskuitkopf, rot gestempelt *„Déposé Tête Jumeau Bte S. G. D. G. 11"* sowie rote und schwarze Kontrollzeichen, geschlossener, lächelnder Mund, braune Paperweight-Augen, feine Wimpern- und Brauenbemalung, aufgesetzte, durchstochene Ohren, blonde Mohairperücke, Biskuitbrustplatte, drei Brandrisse über dem rechten Ohr - *„zaubert"* verschiedene Gegenstände, mehrere Bewegungsabläufe, Firma Roullet et Decamps - (75 cm, um 1880).

DM 142.000

303

303 Automat: Biskuitkurbelkopf, gemarkt *„Déposé Tête Jumeau 4"*, geschlossener Mund, blaue Paperweight-Augen, Original-Mohairperücke, Biskuit-Unterarme, steifer Körper aus Pappmaché, Original-Trachtenkleidung, original Lambert-Schlüssel, Aufzugmechanismus - mehrere Bewegungsabläufe sowie Spieluhr - (47 cm, um 1890).

DM 12.000 - 14.000

304 Ursula M. Dieterich

305 Marianne Eussen

304 Automat: Biskuitkurbelkopf, rot gestempelt *„Déposé Tête Jumeau 4"*, geschlossener Mund, braune Paperweight-Augen, Mohairperücke, Biskuit-Unterarme, steifer Körper aus Maché, Originalkleidung, perfekter Erhaltungszustand, Aufzugmechanismus - Automat mit 3 Bewegungsabläufen und Spieluhr von Leopold Lambert *„La fille au panier"* (47 cm, um 1890).

DM 15.000 - 18.000

305 Große Wachspuppe: Wachsbrustkopf mit einzeln eingestochenen Haaren, blaue Glasaugen, Wachs-Unterschenkel und -arme, Stoffkörper mit Stempel *„Lucy Peck"*, wunderschöne Originalkleidung (65 cm, um 1870).

DM 2.600 - 3.000

306 Ladenburger Spielzeugauktionen

306 Frühe Puppe: Holzkopf mit aufwendig geschnitzter Frisur, schlanker Holzkörper, aufwendige Originalkleidung mit Ledermieder, sehr guter Zustand (18 cm, ca. 1830).

DM 3.000

307 Auktionshaus Sotheby's, London

307 Frühe Holzpuppe: schwarze, gemalte Frisur, gemalte Augen und Mund, durchstochene Ohrläppchen, Holzkörper mit Gelenken, bemalte Unterarme und Schenkel (72 cm, um 1815).

DM 26.000

308 Ladenburger Spielzeugauktionen

308 Zwei Grödnertalpuppen: ungemarkt, Puppen mit Scharnieren, Kopf, Unterarme und Unterschenkel bemalt (30 cm, um 1900).

zusammen **DM 600**

309 Ursula M. Dieterich

309 Stoffpuppe: ungemarkt, Gesicht aus gepreßtem Filz, Wangenrouge, gemalte, zur Seite blickende Augen, kleiner, geschlossener Mund, Stoffkörper mit beweglichen Armen und Beinen, perfekter Erhaltungszustand - Reynal, große Ähnlichkeit mit Lenci-Puppen - (42 cm, um 1925).

DM 850 - 1.000

310 Auktionshaus Kohler, Winterthur

310 von links nach rechts:
links: Sonneberger-Papiermaché-Damenpuppe, ungemarkt, Brustkopf, Vollkopf aus Papiermaché, schwarz bemalter Haarboden, feste, pupillenlose Glasaugen, fein gestrichelte Wimpern, geschlossener Mund, Lederkörper mit einzeln abgenähten Fingern, schlanke Taille, handgenähte Kleidung (43 cm, um 1840).

DM 2.800

links unten: Mädchenpuppe, Papiermachébrustkopf, gewachst, modellierte, blonde Frisur mit Haarband, kleiner, geschlossener Mund, schwarze, pupillenlose Augen, Augenmechanik durch Drahtzug am Rücken, Stoffkörper, Gesäßpartie, Hände und Füße aus Papier, Unterarme und Unterschenkel aus Holz, Bauchquietscher, unbekleidet (22 cm, um 1860).

DM 760

Mitte: Sonneberger Papiermachépuppe, Brustkopf, Vollkopf mit schwarz bemaltem Haarboden, geschlossener Mund, Nasenlöcher, durchstochene Ohren, schwarze, pupillenlose Glasaugen, rosa Lederkörper, einzeln abgenähte Finger (41 cm, um 1840).

DM 1.400

rechts: Papiermachépuppe, Vollkopf, schwarz getönter Haarboden, gemalte Stirnlocken, offener Mund mit 2 Bambuszähnen, feste, pupillenlose Glasaugen, Nasenlöcher, rosa Lederkörper, einzeln abgenähte Finger, Originalkleidung (40 cm, um 1840).

DM 3.000

311 Ladenburger Spielzeugauktionen

312 Auktionshaus Sotheby's, London

313 Ladenburger Spielzeugauktionen

311 Puppe: Papiermachékopf, Holzarme und -beine, Originalkleidung (18 cm, um 1850).

DM 1.100

312 Papiermachépuppe: Papiermachébrustkopf, schwarze, modellierte Haare mit modellierten Locken an den Seiten, geschlossener Mund, feste, pupillenlose Glasaugen, Lederkörper mit Holz-Unterarmen und -schenkeln (35 cm, um 1830).

DM 3.000

313 Damenpuppe: ungemarkt, Papiermachébrustkopf, fein modellierte Haare, Holzhände und -beine, Originalkleidung (16,5 cm um 1840).

DM 1.800

314 Ladenburger Spielzeugauktionen

315 Ladenburger Spielzeugauktionen

314 Puppe: Papiermachékopf, Holzkörper mit beweglichen Armen und Beinen, Originalkleidung mit Hut (15 cm, um 1850).

DM 1.400

315 Puppe: Papiermaché, stark modellierte, gelockte Frisur, blaue, gemalte Augen, früher Lederkörper mit langen Fingern, Originalkleidung (52 cm, um 1840).

DM 1.800

316 Ladenburger Spielzeugauktionen

316 Frühe Puppe: Papiermachékopf, modellierte Frisur, sehr aufwendiger Holzkörper, sehr schöne Originalkleidung (16 cm, um 1830).

DM 3.700

317 Ursula M. Dieterich

317 Große Puppe: ungemarkt, Brustkopf aus Papiermaché, deutsche Herstellung, Vollkopf mit schwarz bemaltem Haarboden, Echthaarperücke, offener Mund mit 2 Bambuszähnen, braune, pupillenlose Glasaugen, Lederkörper mit Zwickeln, einzeln abgenähte Finger (80 cm, um 1840).

DM 3.800 - 4.500

318 Auktionshaus Kohler, Winterthur

318 Damenpuppe in Originaltracht: ungemarkt, Papiermachébrustkopf, geschlossener Mund, Nasenlöcher, schwarze, feste Glasaugen, fein gestrichelte Wimpern, Vollkopf mit schwarz bemaltem Haarboden, darüber Reste der Originalperücke, Stoffkörper mit schlanker Taille, Lederarme mit abgenähten Fingern, komplette Originalbekleidung: paillettenbesticktes, schwarzes Samtmieder, Bluse, lila Seidenschürze und so weiter (50 cm, um 1860).

DM 1.750

319 Ursula M. Dieterich

319 Große Puppe: ungemarkt, Brustkopf aus Papiermaché, modellierte, schwarze Frisur, gemalte Augen, Stoffkörper mit Unterarmen und -schenkeln aus Masse, apart modellierte Stiefeletten (85 cm, 1895).

DM 2.500 - 3.000

320

320 Puppe: gemarkt *„Armand Marseille Germany 996 A. 1 M.“*, Spritzporzellan-Kurbelkopf, durchstochene Nasenlöcher, offener Mund mit 2 Zähnen oben, blaue Schlafaugen, Echthaarperücke, Steh-Babykörper aus Masse, Kleidung ergänzt (36 cm, um 1931).

DM 400 - 500

321

321 Babypuppe: gemarkt *„A. M. Germany 516/4“*, Masseringhalskopf, Vollkopf mit modellierter Stirnlocke, Stoffkörper, Originalkleidung (50 cm, um 1930).

DM 300 - 400

322 Ladenburger Spielzeugauktionen

322 Mädchenpuppe: gemarkt *„K & W 690/41"*, Massekurbelkopf, stark modellierte Frisur, offener Mund mit Zähnen oben, blaue Schlafaugen, Masse-Stehbabykörper (41 cm, um 1930).

DM 650

323

323 Große Puppe: gemarkt *„3066/13"*, Massekurbelkopf, offener Mund, 4 Zähne oben, blaue Schlafaugen, Kunsthaarperücke, Stehbabykörper aus Masse, ergänztes Kleidchen (65 cm, 30er Jahre).

DM 400 - 500

324 Ladenburger Spielzeugauktionen

324 Puppe: gemarkt *„K (Stern) R 728"*, Celluloid-Kurbelkopf, offener Mund mit 2 Zähnen oben, blaue Schelmenaugen, Originalperücke, Masse-Stehbabykörper, alte Kleidung und Schuhe (50 cm, ab 1915).

DM 700

Anzeigen

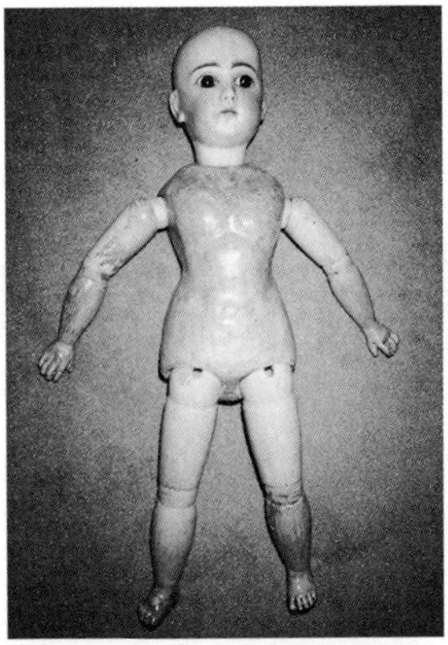

GRETI STEFFL

ANTIKES UND ALTE PUPPEN

WIEN - CITY

Göttweihergasse 2 — *0222 512 1394*
Ecke Spiegelgasse — *479 4286*
Di. - Fr. 11 - 18 Uhr
offenes Ladengeschäft - 2 Minuten vom Stephansdom!

Das Puppenhaus

the doll's house

La Maison de Poupeé

Evi Maiwald

Bergstraße 11 · 90403 Nürnberg
Telefon 09 11 / 22 76 14

Öffnungszeiten: Di. 9.30 - 12.00 Uhr
Mi. - Fr. 9.30 - 12.00 Uhr, 15.00 - 18.00 Uhr

"les petits anges"

die kleinen Engel

Heidis Puppenstube

Ausgesucht schöne antike Puppen, Accessoires und Spielwaren

Heidemarie Penner
58332 Schwelm
Termin nach telefonischer Vereinbarung
Tel.: 0 23 36/73 55

Christine Kohler
Auktionshaus für antikes Spielzeug

Auktionen

Puppen, Puppenstuben, Küchen, Läden, Stoff-/Steifftiere, Kinderbücher,Spiele,Eisenbahnen, Dampfmaschinen, Blech-/Holzspielzeug, Christbaumschmuck, Nippes, Kuriositäten

Expertisen und Einlieferung von Sammlungen und Einzelstücken jederzeit möglich, Katalog auf Anfrage

Neuwiesenstrasse 69, 8400 Winterthur
Tel. 052 212 73 83, Fax 052 212 73 84

WICKI SCHWEIZER

ANTIKES SPIELZEUG UND KURIOSA

EGERSTRASSE 3 D-86911 DIESSEN

TELEPHON:08807.1520

MI,DO,FR 15.00-18.00 UND NACH VEREINBARUNG

Antike Puppen - Puppenstuben - Zubehör - Fachliteratur

Manche werden nie erwachsen

Ladenburger Spielzeugauktion

Öffentlich bestellter und vereidigter Auktionator
Inhaber: **Götz C.-Seidel**

Einlieferungen gesucht

Katalog + Information
Rheingaustraße 36
68526 Ladenburg
Telefon: 0 62 03/1 30 14

Spezialauktionen jeder Art möglich

Puppen-, Teddy- u. Plüschtierreparaturen

Wellinghofer Straße 46
(Nähe Bethanien-Krankenhaus)

4600 Dortmund 30 (Hörde)
Telefon 02 31/43 10 85
privat 02 31/41 00 83

Sprechzeiten:
Di.–Do. 10–12 Uhr
15–18 Uhr
oder nach telef. Vereinbarung

– An- und Verkauf –

Vertrauen Sie auf meine
über 20jährige Erfahrung
Ankauf
Verkauf
Alte Puppen & Spielzeug
Antike Porzellankopfpuppen · Alte Celluloid-,
Käthe-Kruse-Puppen · Blechspielzeug
Gitta Grundmann
Tel. 02 31 / 85 78 11 · Fax 02 31 / 80 83 83
nach telefonischer Vereinbarung

ÖFFNUNGSZEITEN
Dienstag + Donnerstag:
10.00 – 13.00 Uhr
Mittwoch:
15.00 – 18.00 Uhr

Katalog gegen DM 10,-
(wird bei Kauf erstattet)

CHRISTINE KRAH 28203 BREMEN

PUPPENKLINIK

TEL.: 04 21 70 56 24
FAX: 04 21 70 67 55

BROKSTRASSE 19

Puppen- & Stofftier-Reparaturen • Große Auswahl an alten Ersatzteilen • Porzellan-, Cellu- & Masse-Puppen • Alte & neue Steiff-Tiere • Puppenstuben & Zubehör • Puppen- & Bären-Bücher • Puppenkleidung nach Maß • Alles für das Puppen- und Bärenmachen • Puppen- & Bären-Kurse

Das Puppenhaus

in

Bayreuth

Antike Puppen
Künstlerpuppen
Miniaturen
Puppenklinik

Inga Grüninger
Kämmereigasse 1
D 95444 Bayreuth
Tel: 09 21 - 51 56 53
Fax: 09 21 - 3 58 55

Einladung

zu einer

großen Liebe....

CIESLIK'S
PUPPEN
MAGAZIN

CIESLIK'S
PUPPEN
MAGAZIN

CIESLIK'S
PUPPEN
MAGAZIN

CIESLIK'S
PUPPEN
MAGAZIN
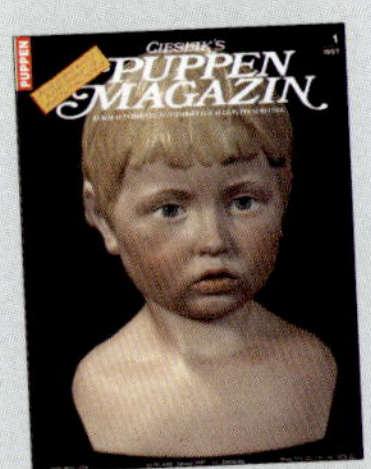
CIESLIK'S
PUPPEN
MAGAZIN

CIESLIK'S
PUPPEN
MAGAZIN

CIESLIK'S
PUPPEN
MAGAZIN
Frohe
Festtage

CIESLIK'S
PUPPEN
MAGAZIN

CIESLIK'S
PUPPEN
MAGAZIN

CIESLIK'S
PUPPEN
MAGAZIN

CIESLIK'S
PUPPEN
MAGAZIN

CIESLIK'S
PUPPEN
MAGAZIN

CIESLIK'S
PUPPEN
MAGAZIN

CIESLIK'S
PUPPEN
MAGAZIN

Frohe Festtage

Für jeden Herbst-Sturm gerüstet!

12.360 Besucher
7.300 qm
328 Aussteller

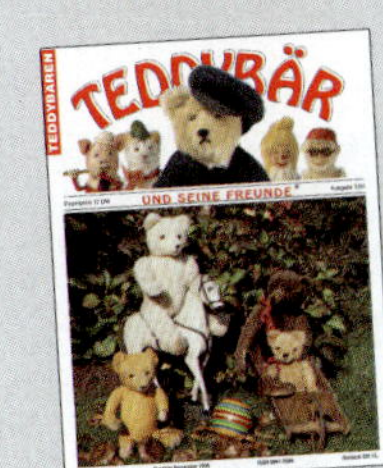